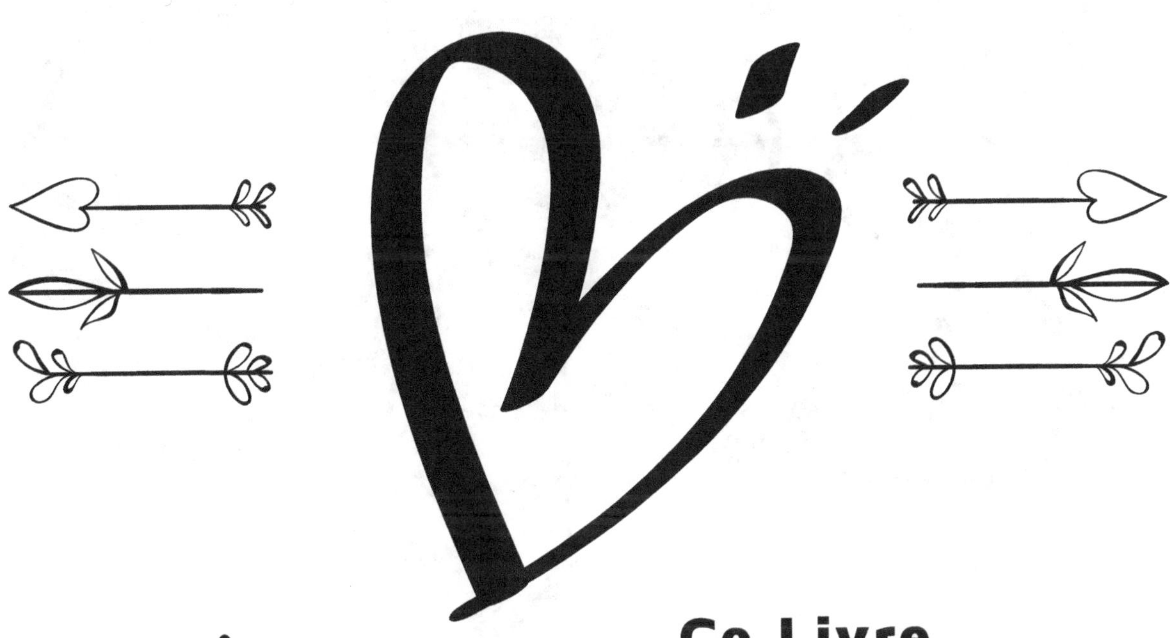

Ce Livre

Appartient à

MUMMIES LIVRE DE COLORIAGE

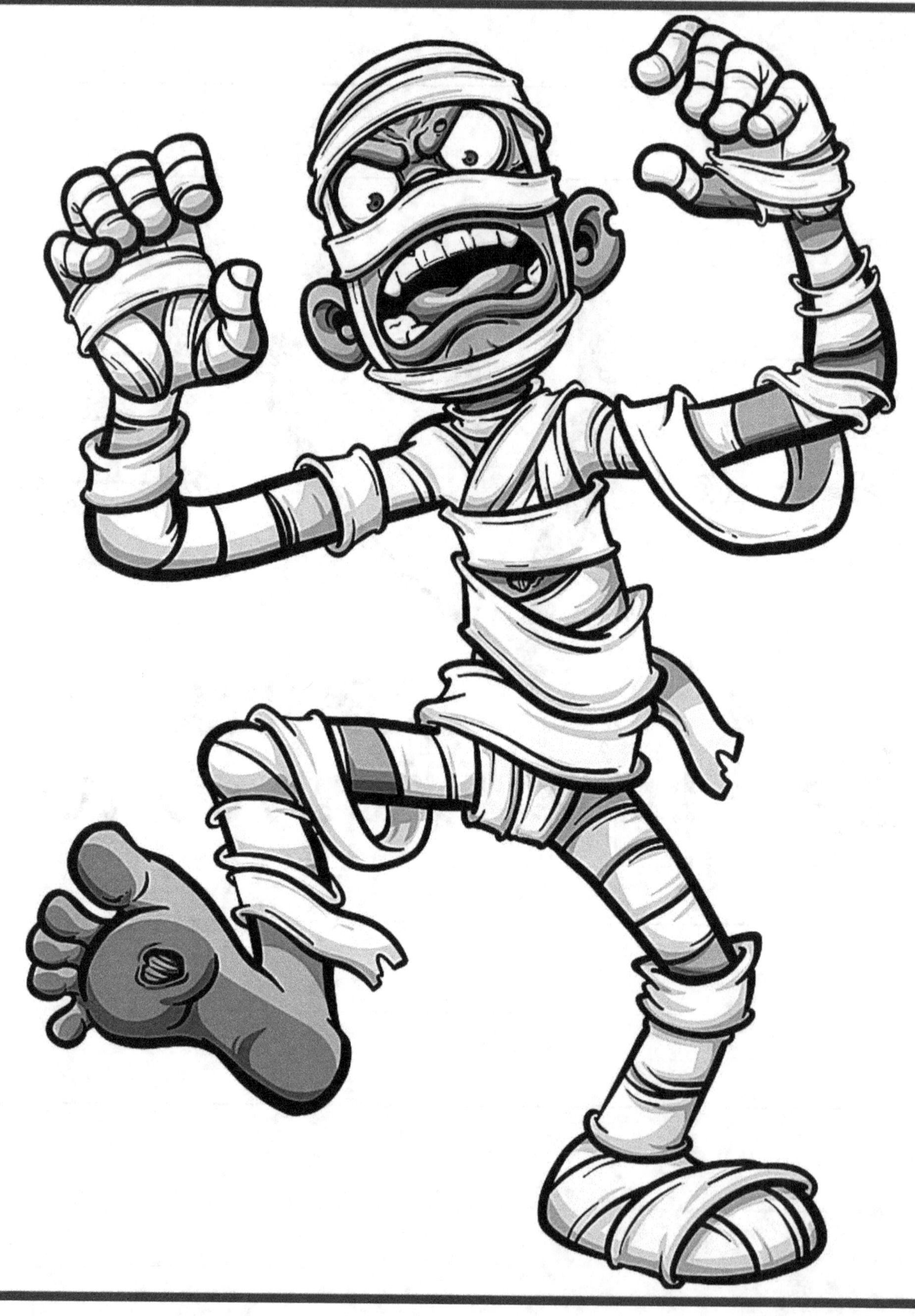

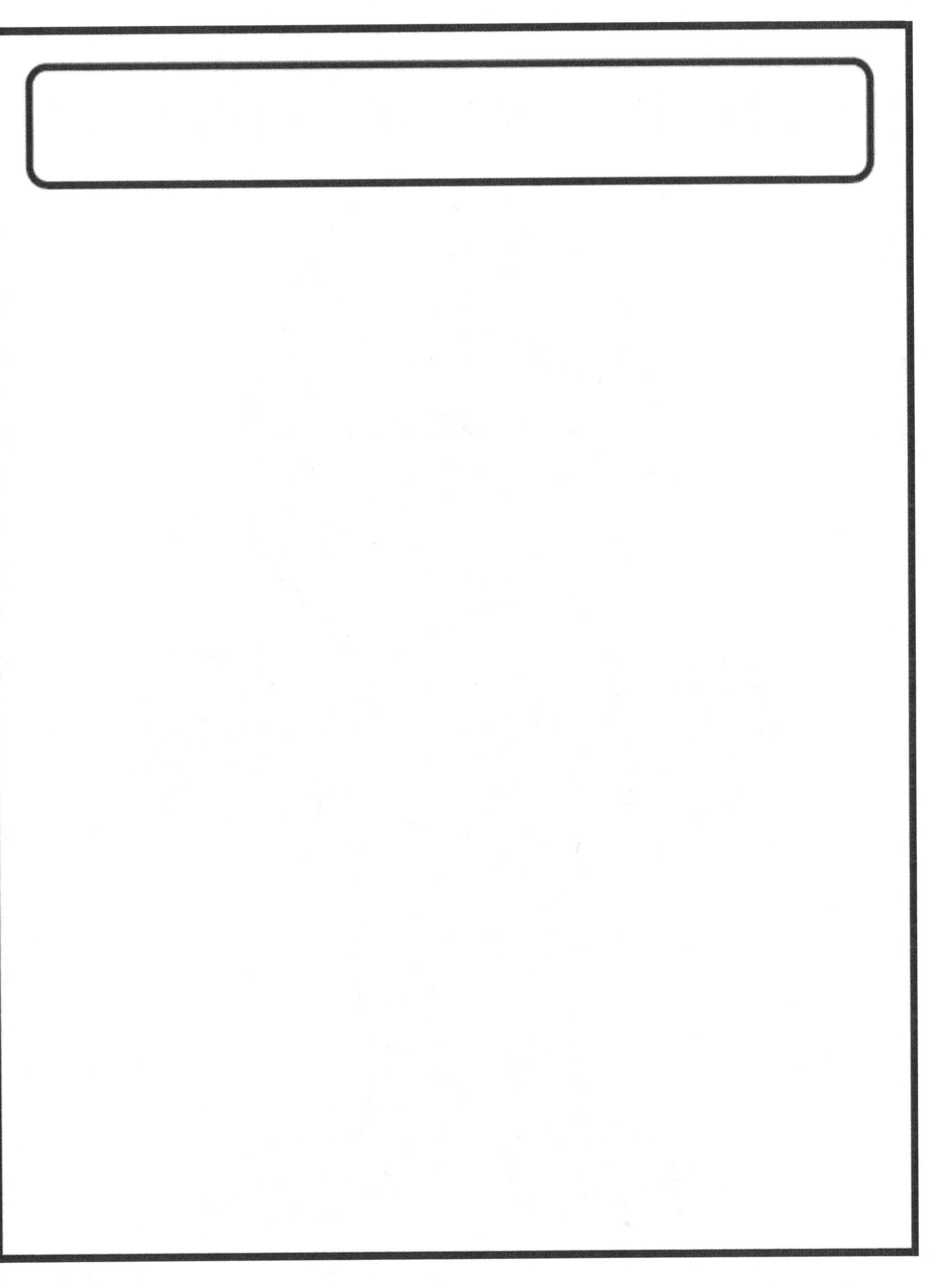

MUMMIES LIVRE DE COLORIAGE

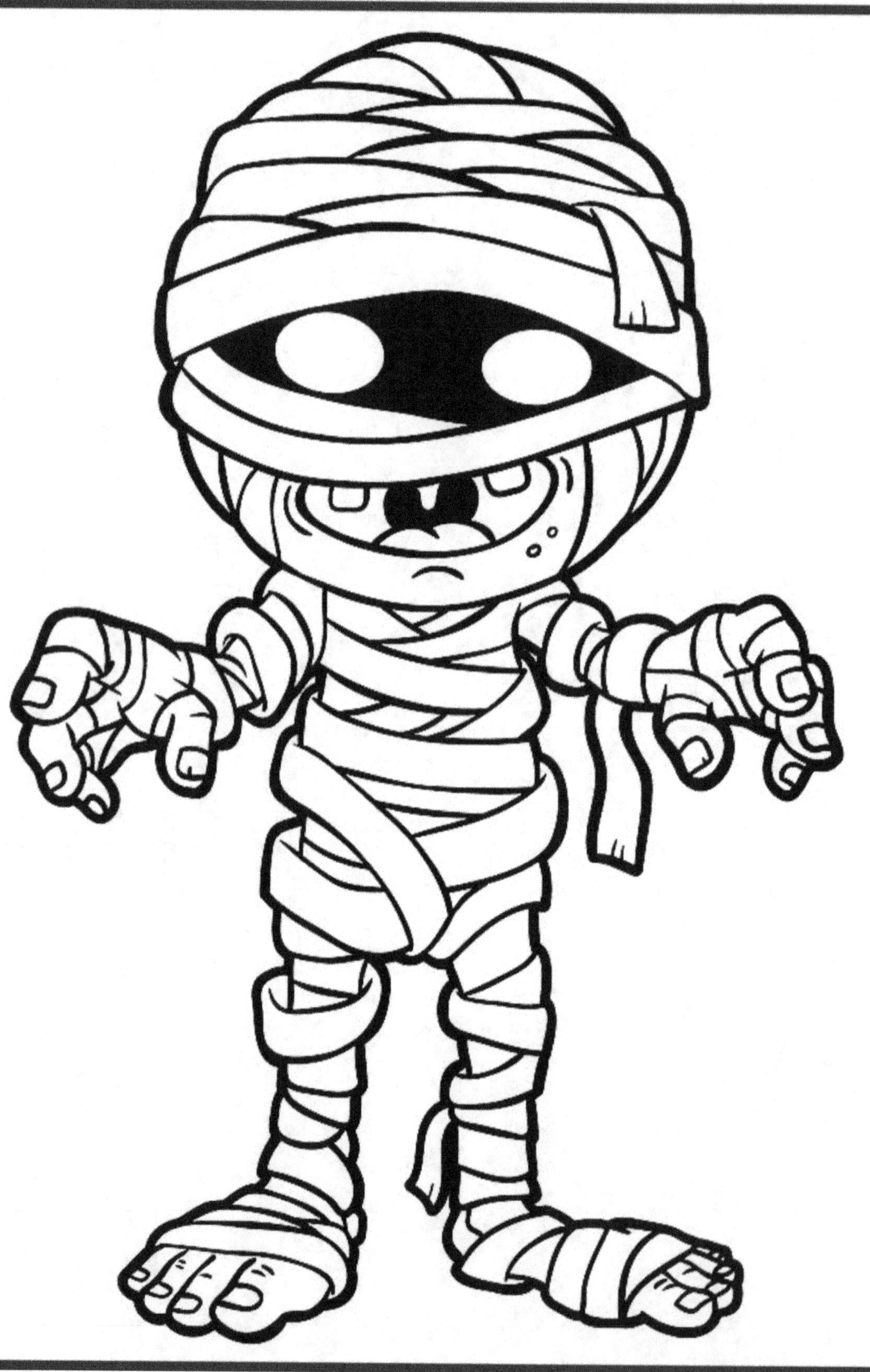

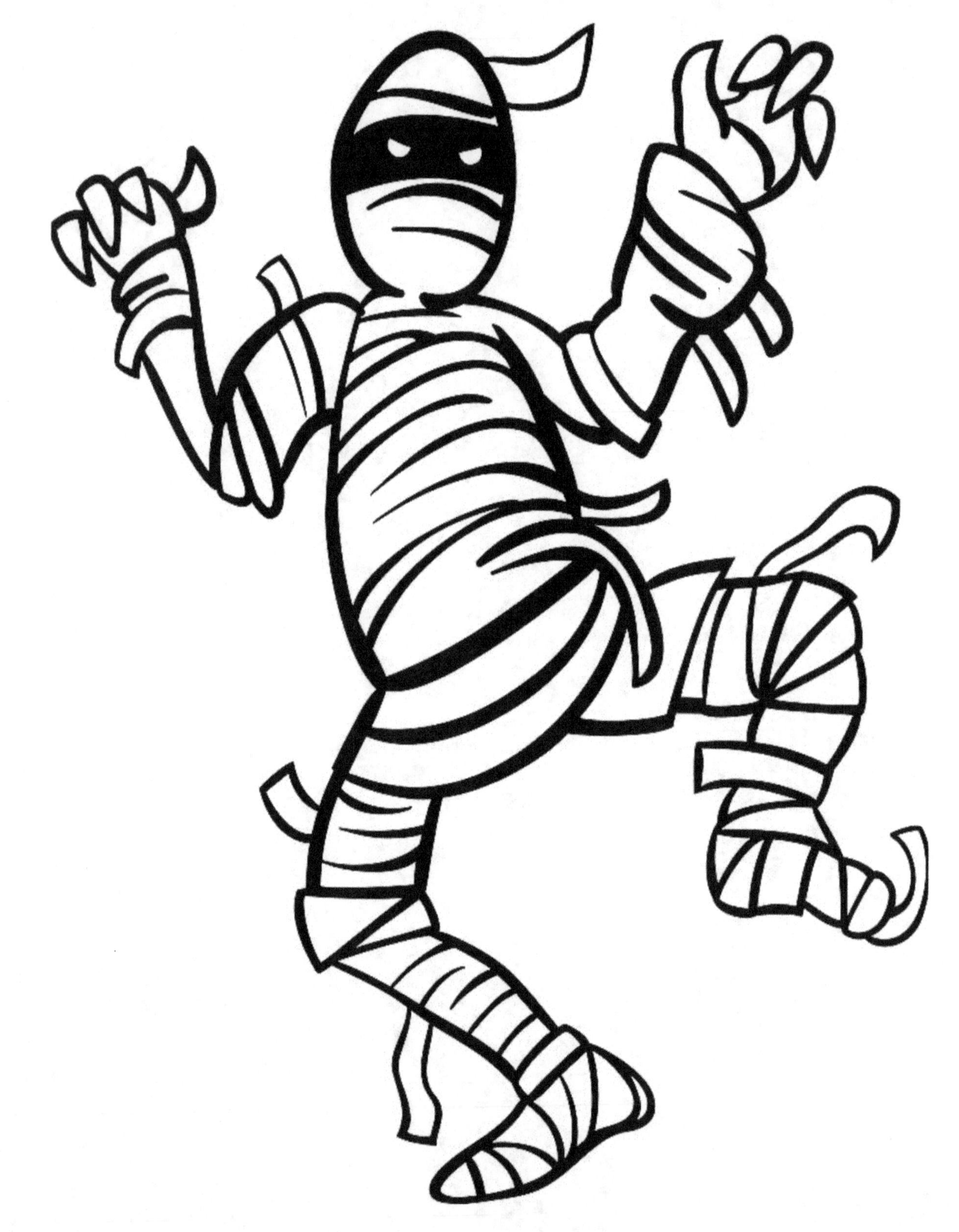

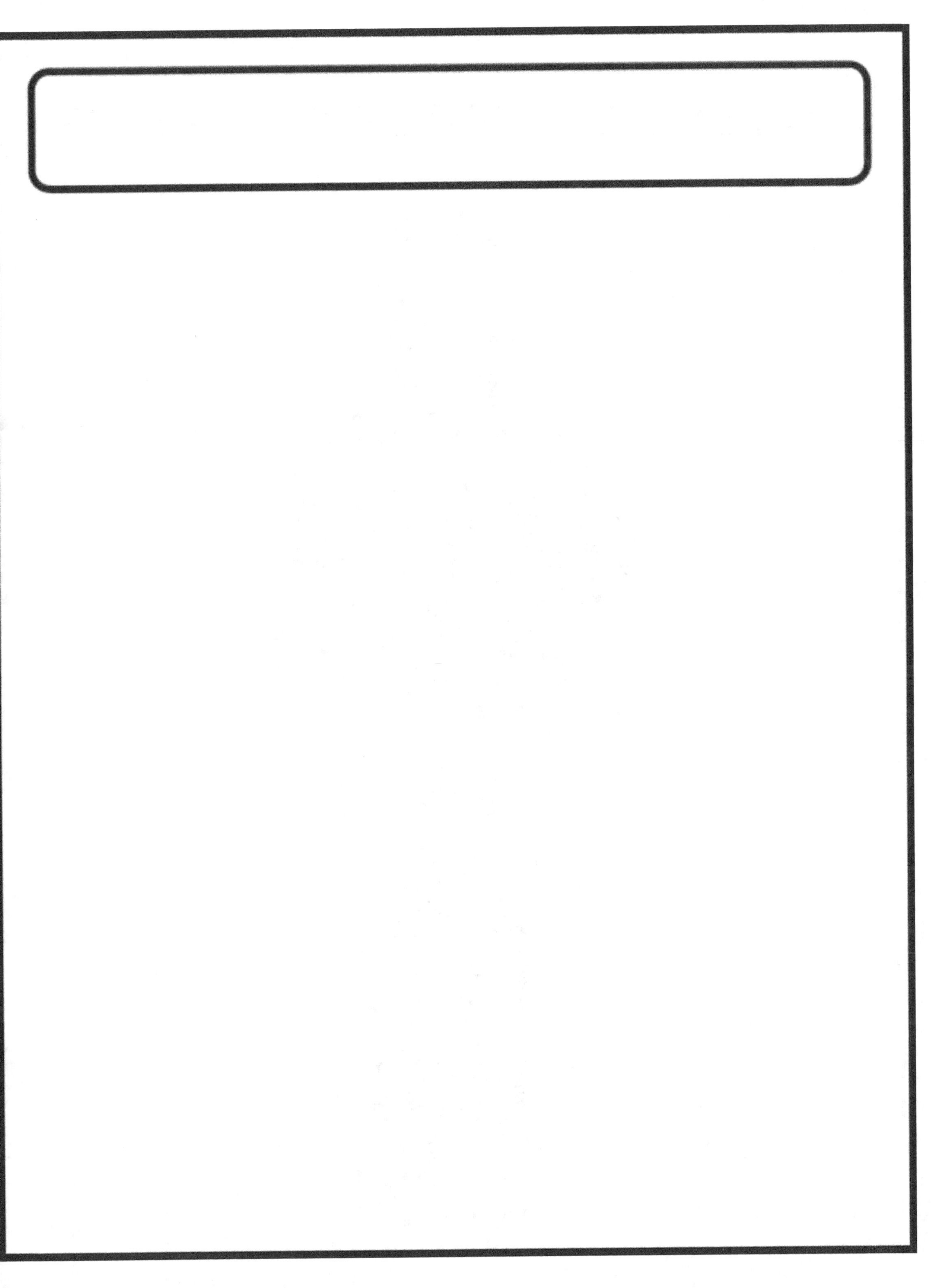

MUMMIES LIVRE DE COLORIAGE

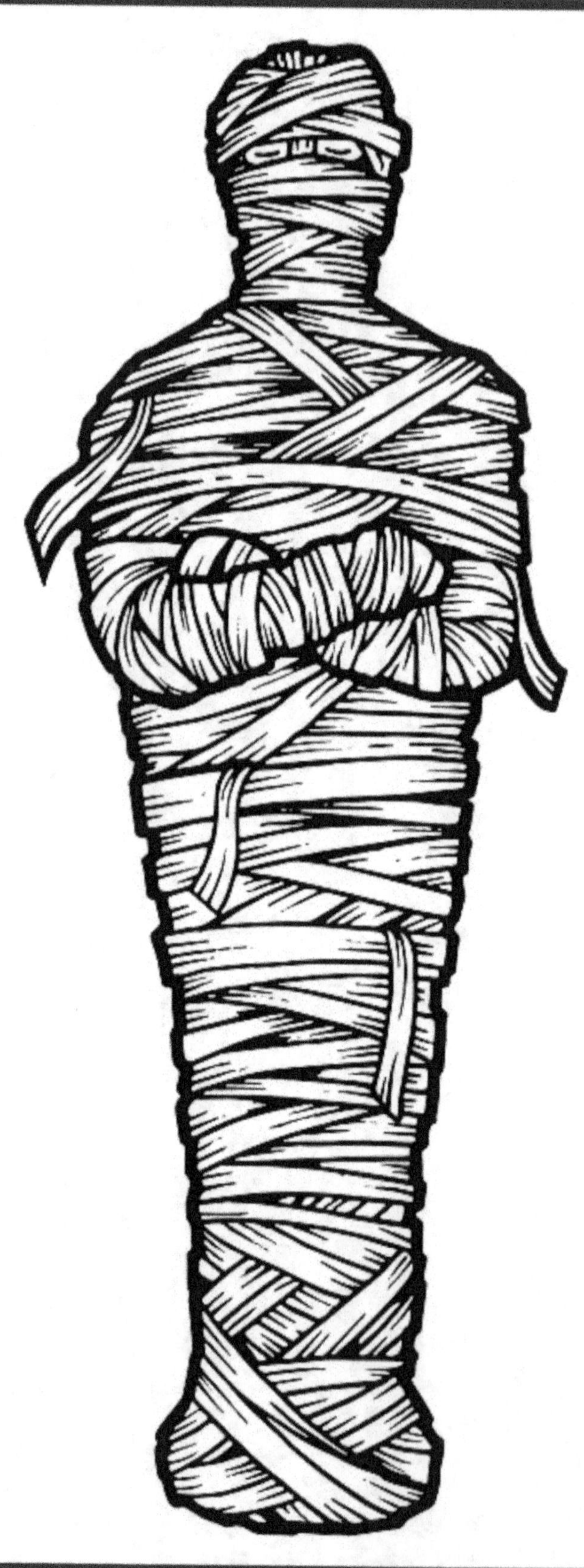

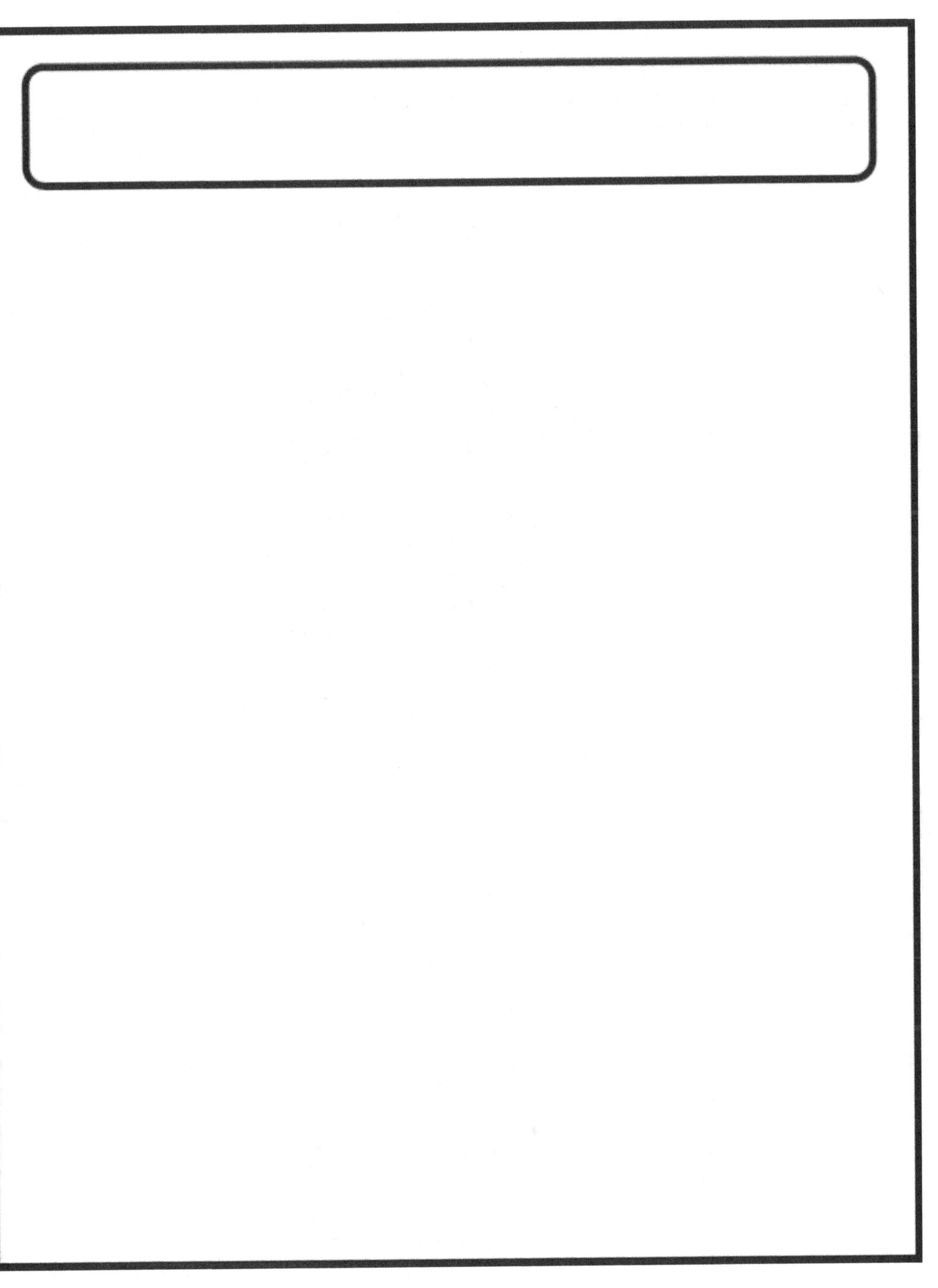

MUMMIES LIVRE DE COLORIAGE

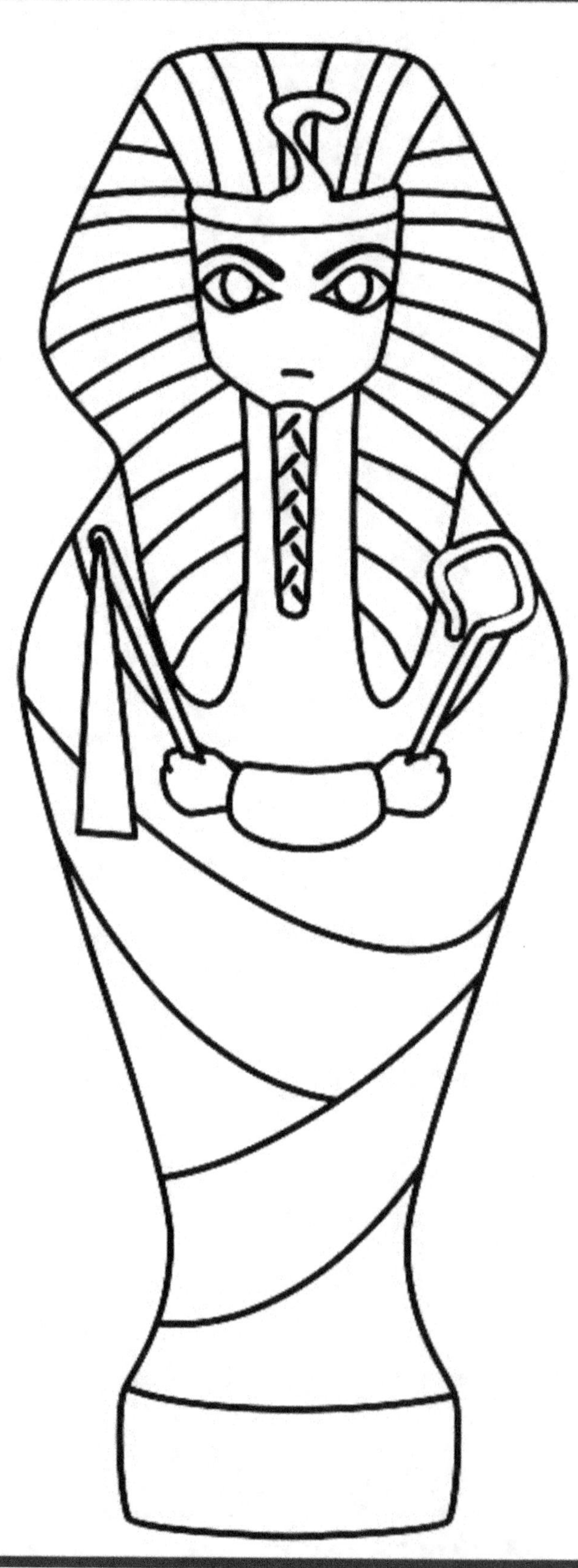

MUMMIES LIVRE DE CORIAGE

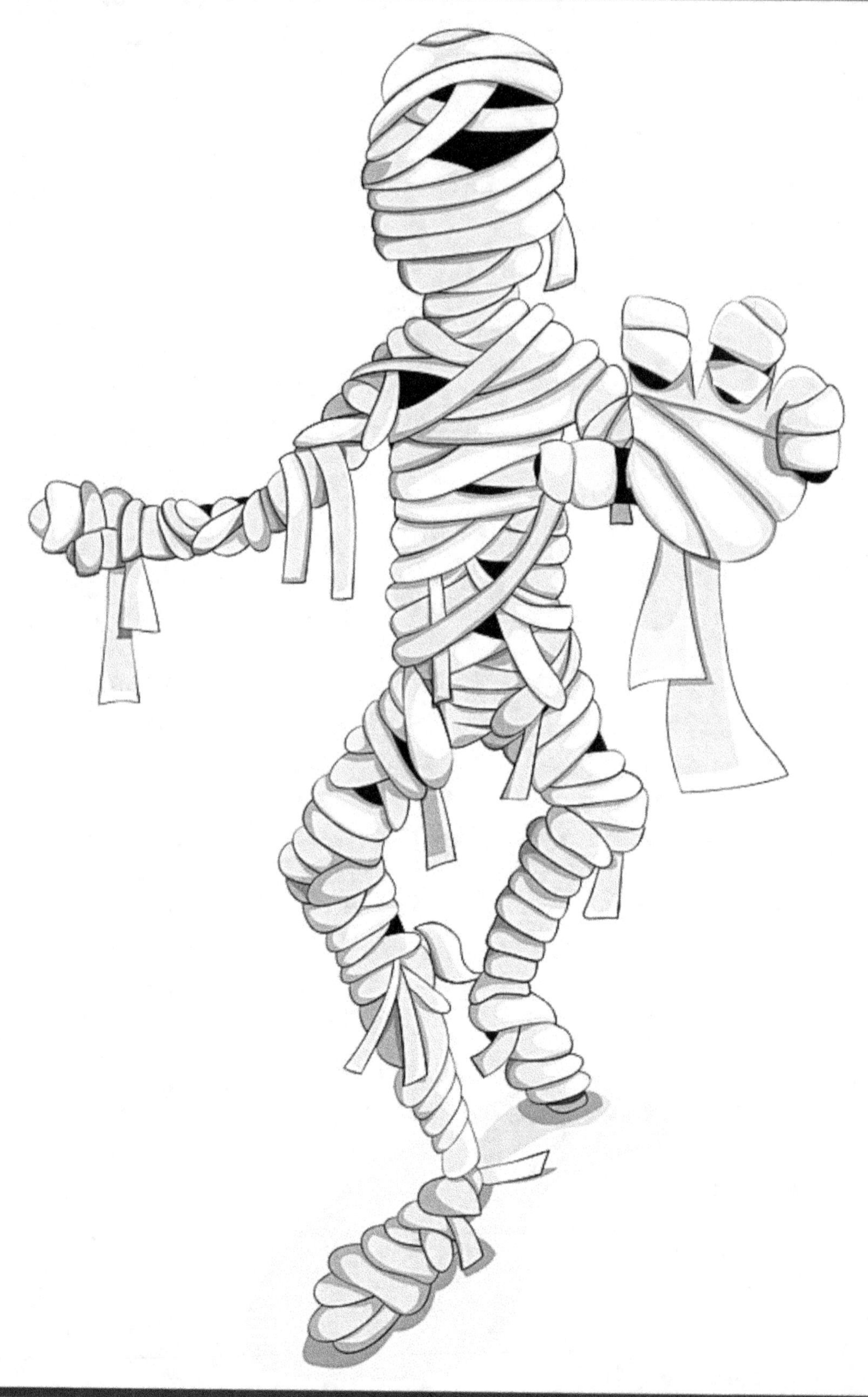

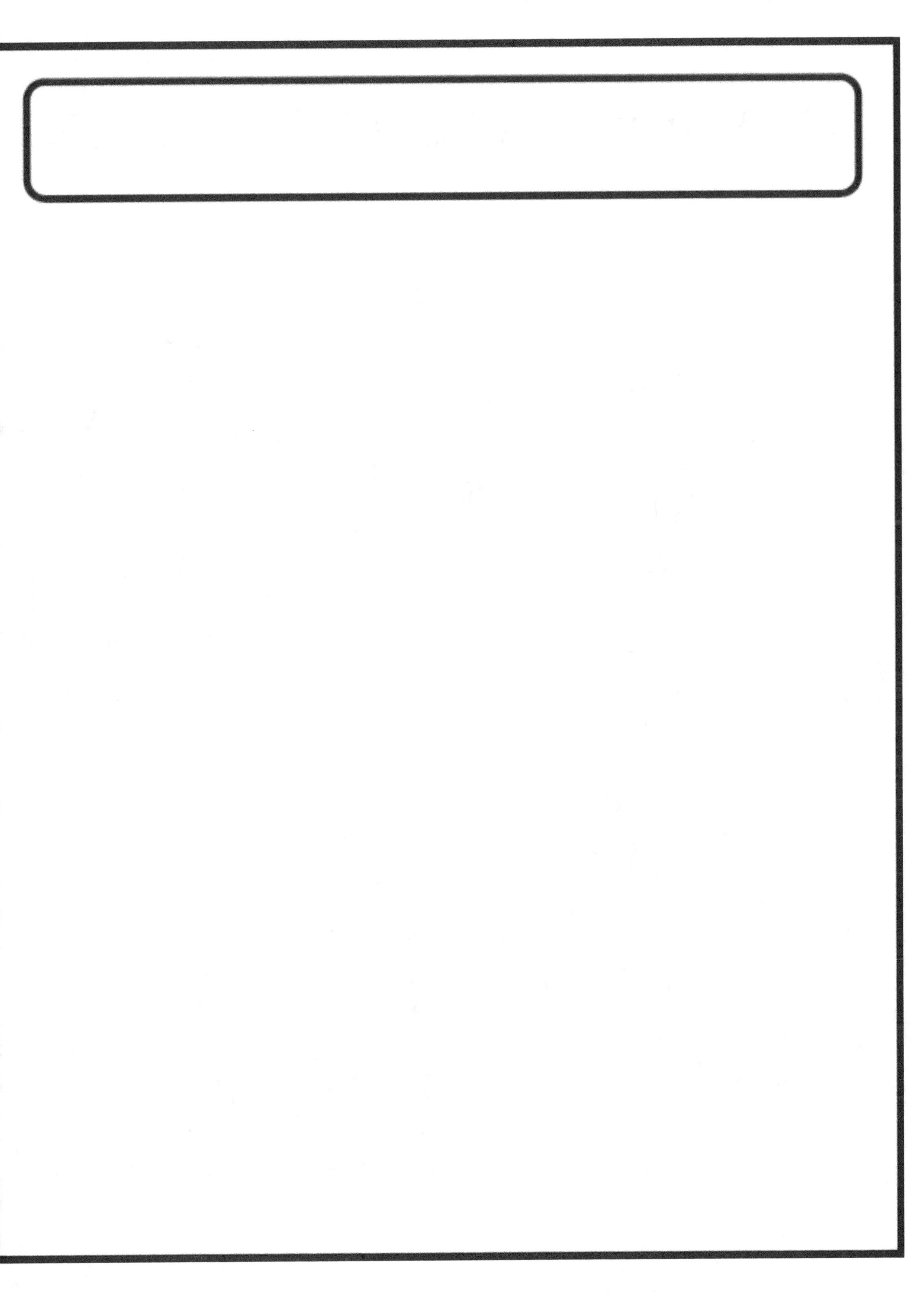

MUMMIES LIVRE DE COLORIAGE

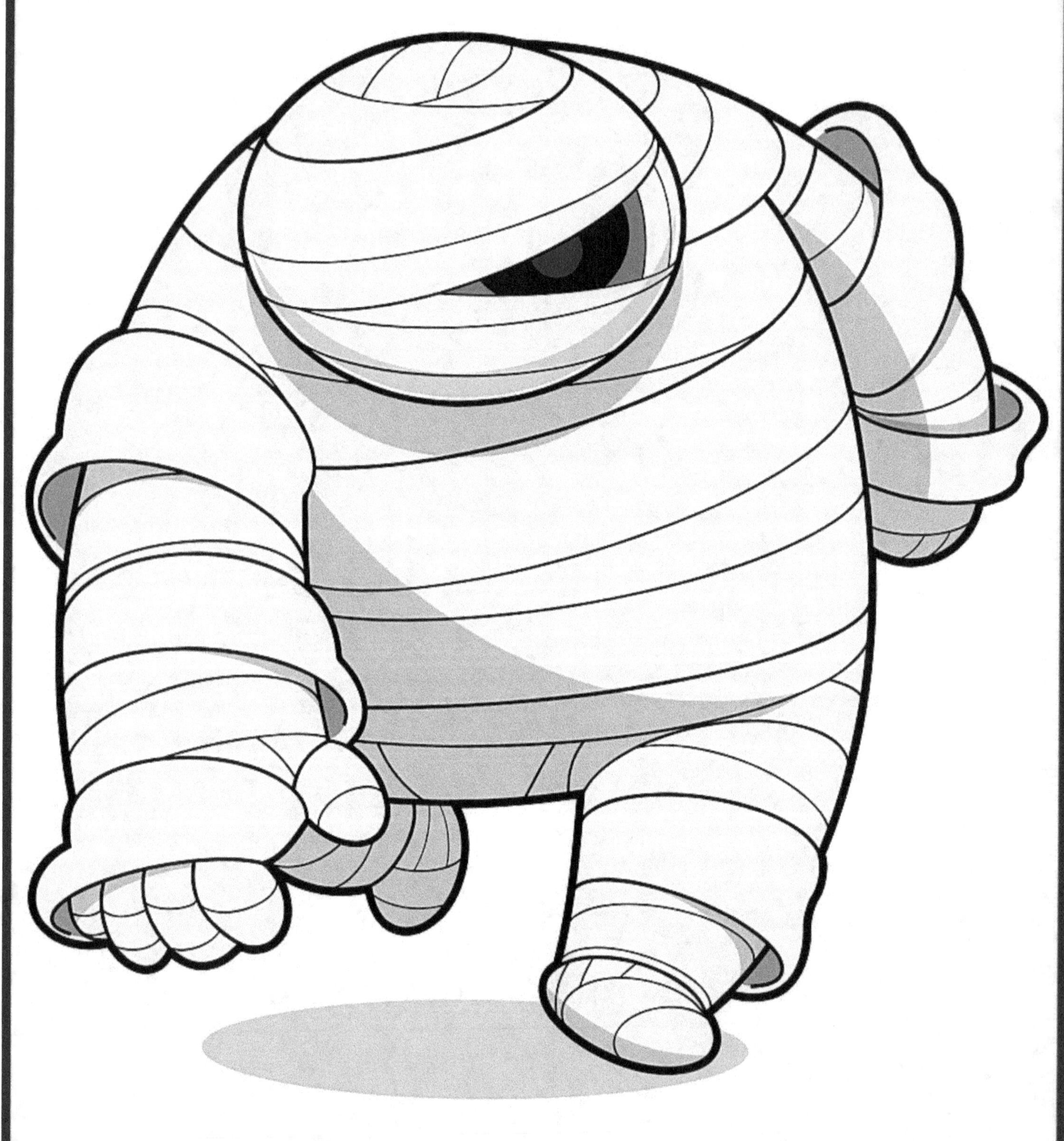

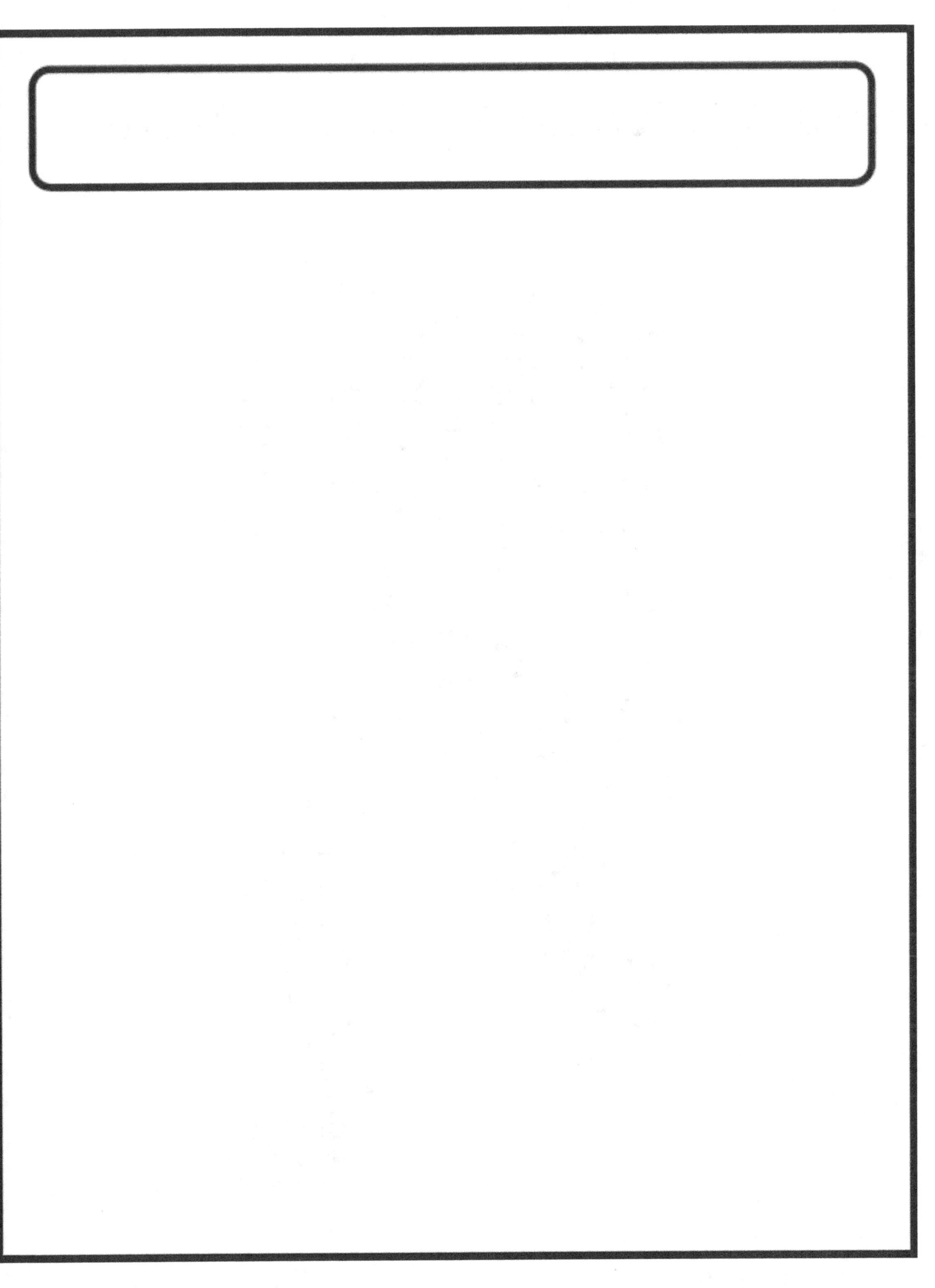

MUMMIES LIVRE DE COLORIAGE

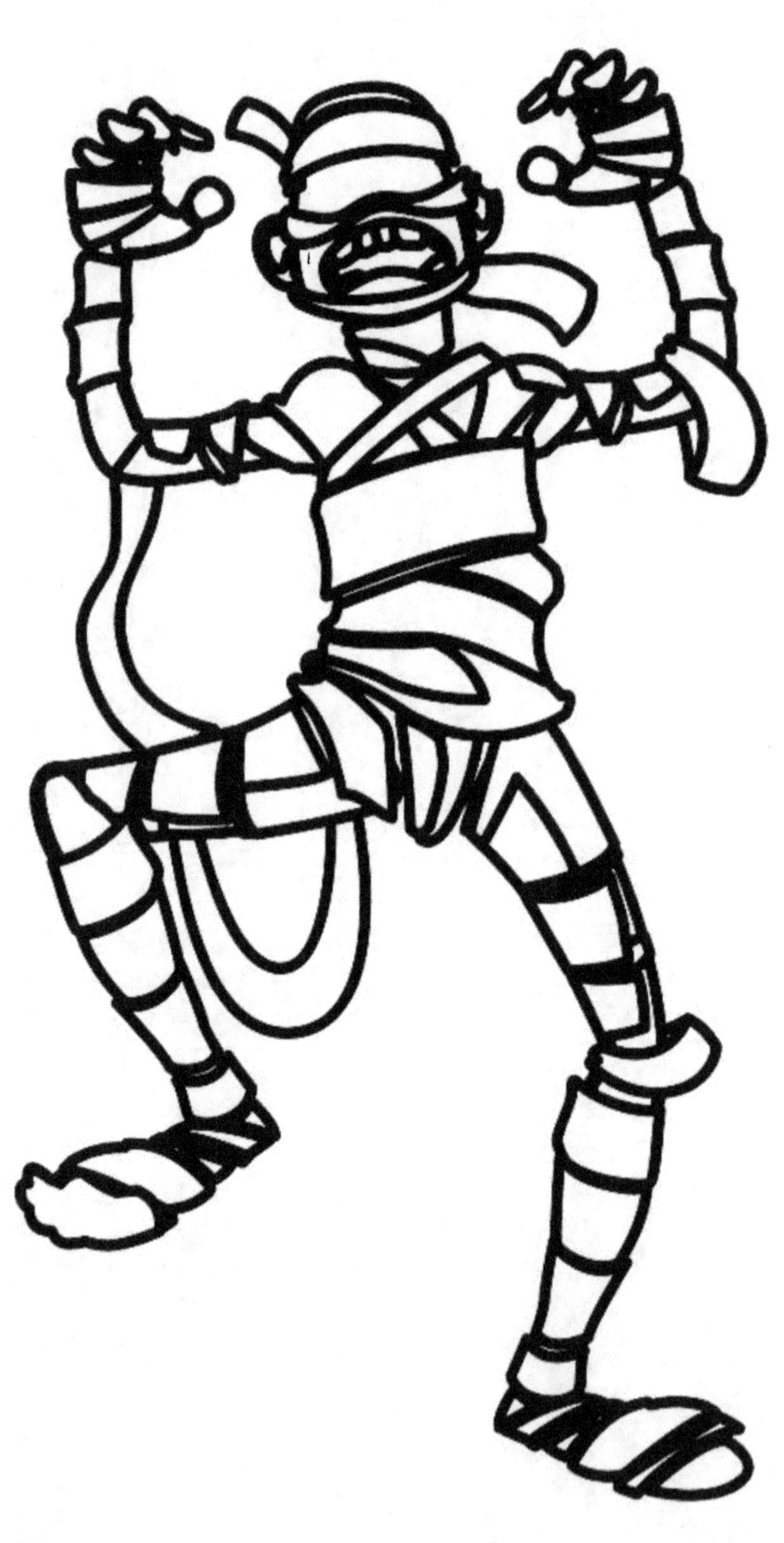

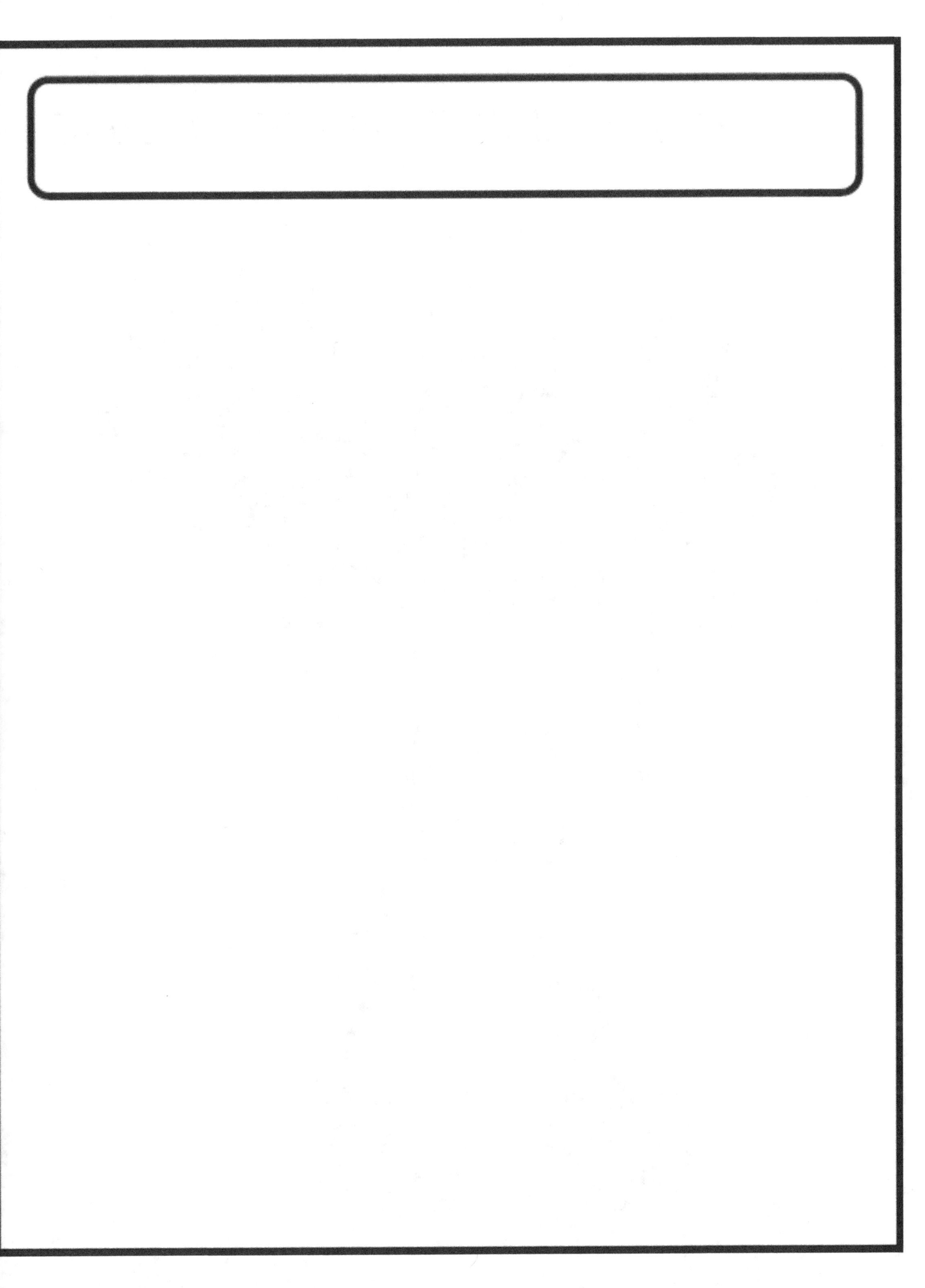

MUMMIES LIVRE DE COLORIAGE

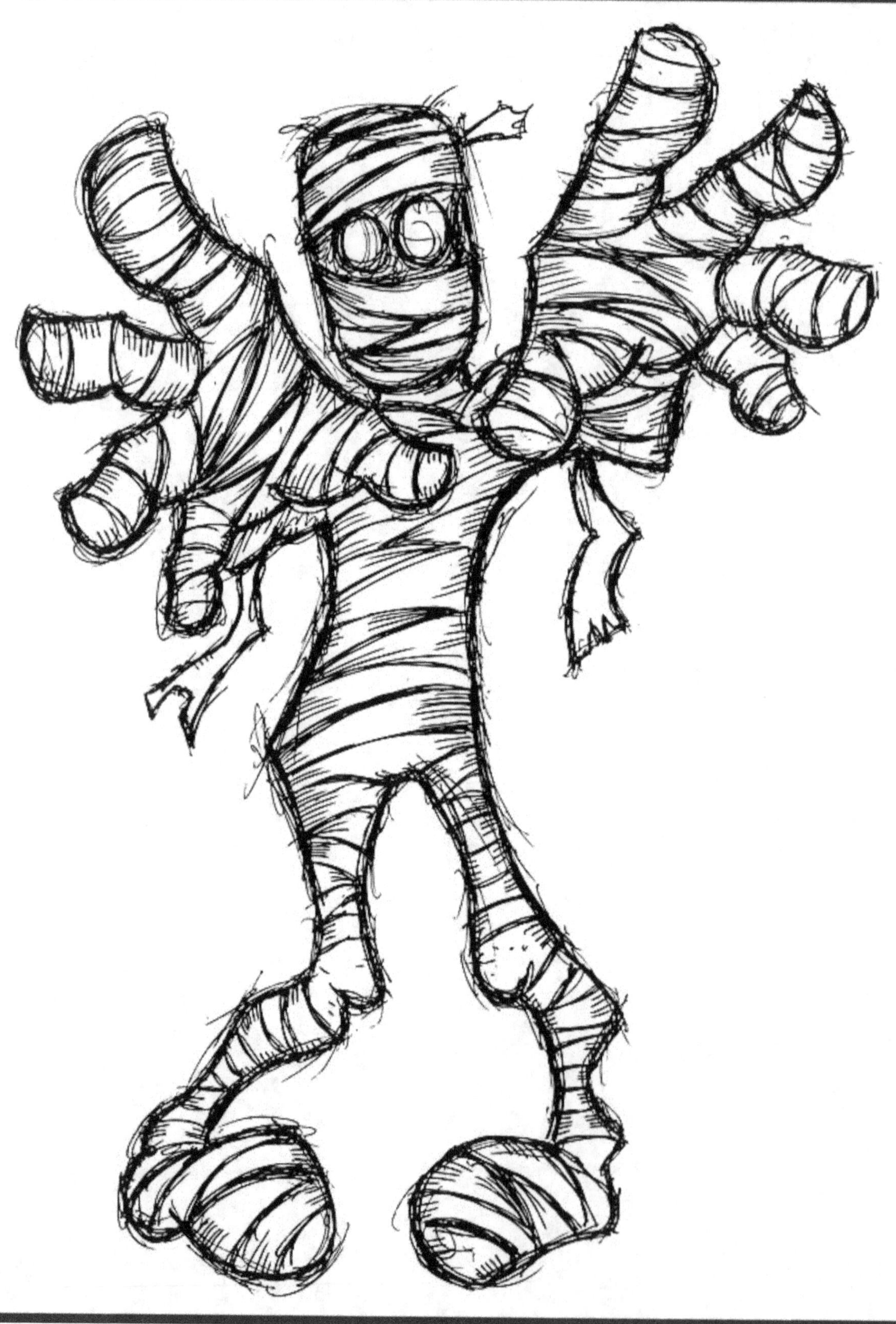

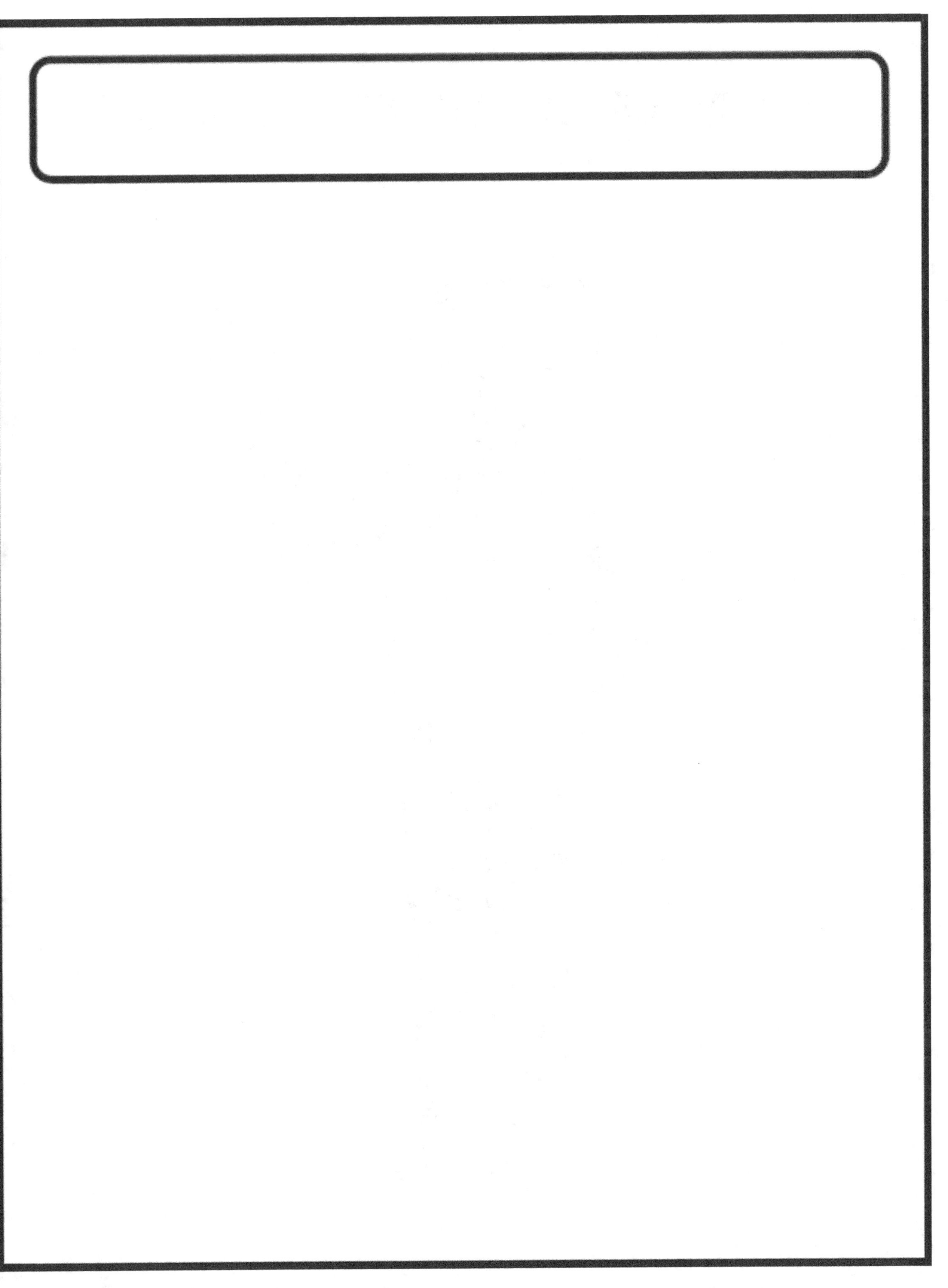

MUMMIES LIVRE DE COLORIAGE

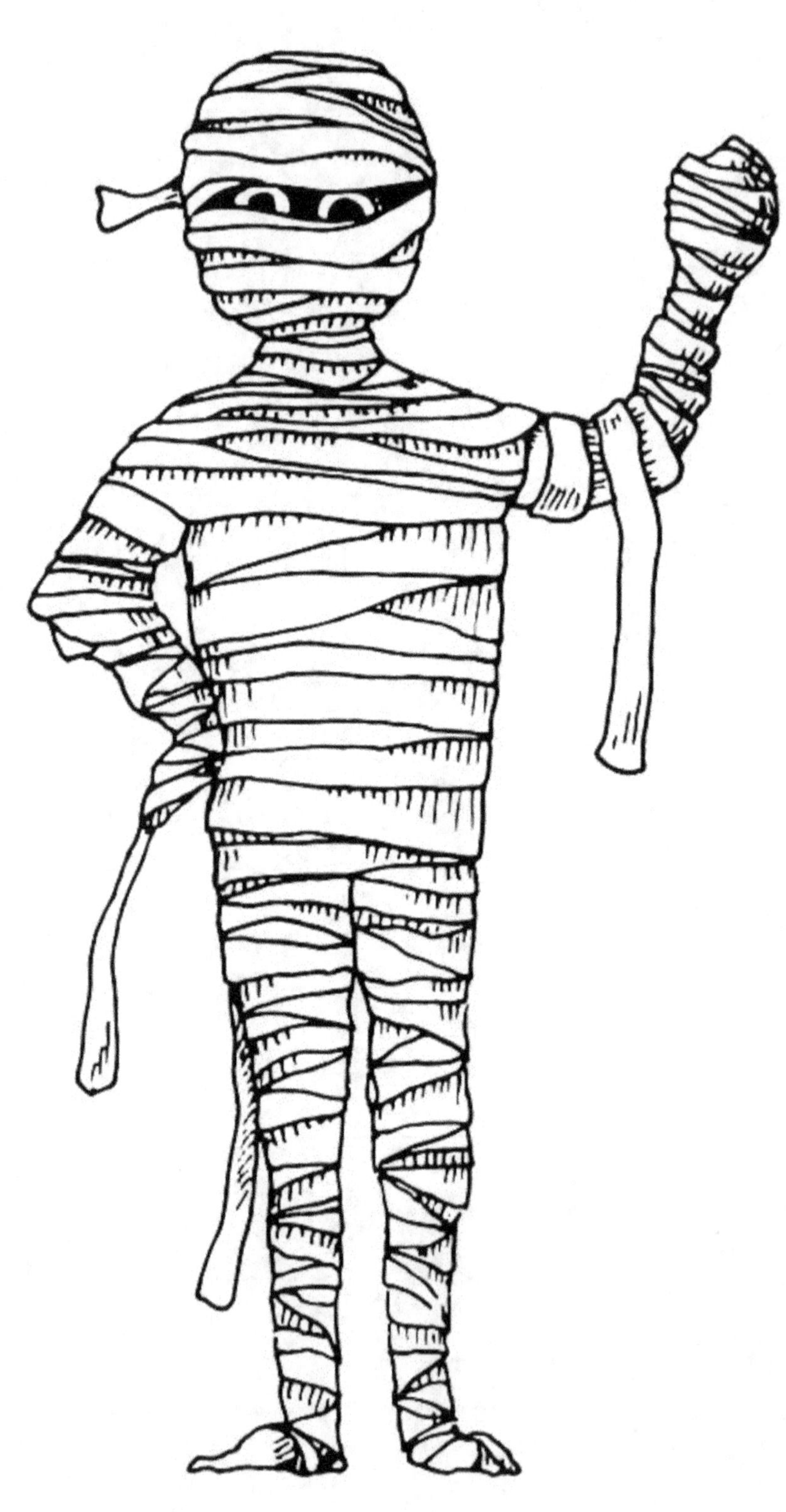

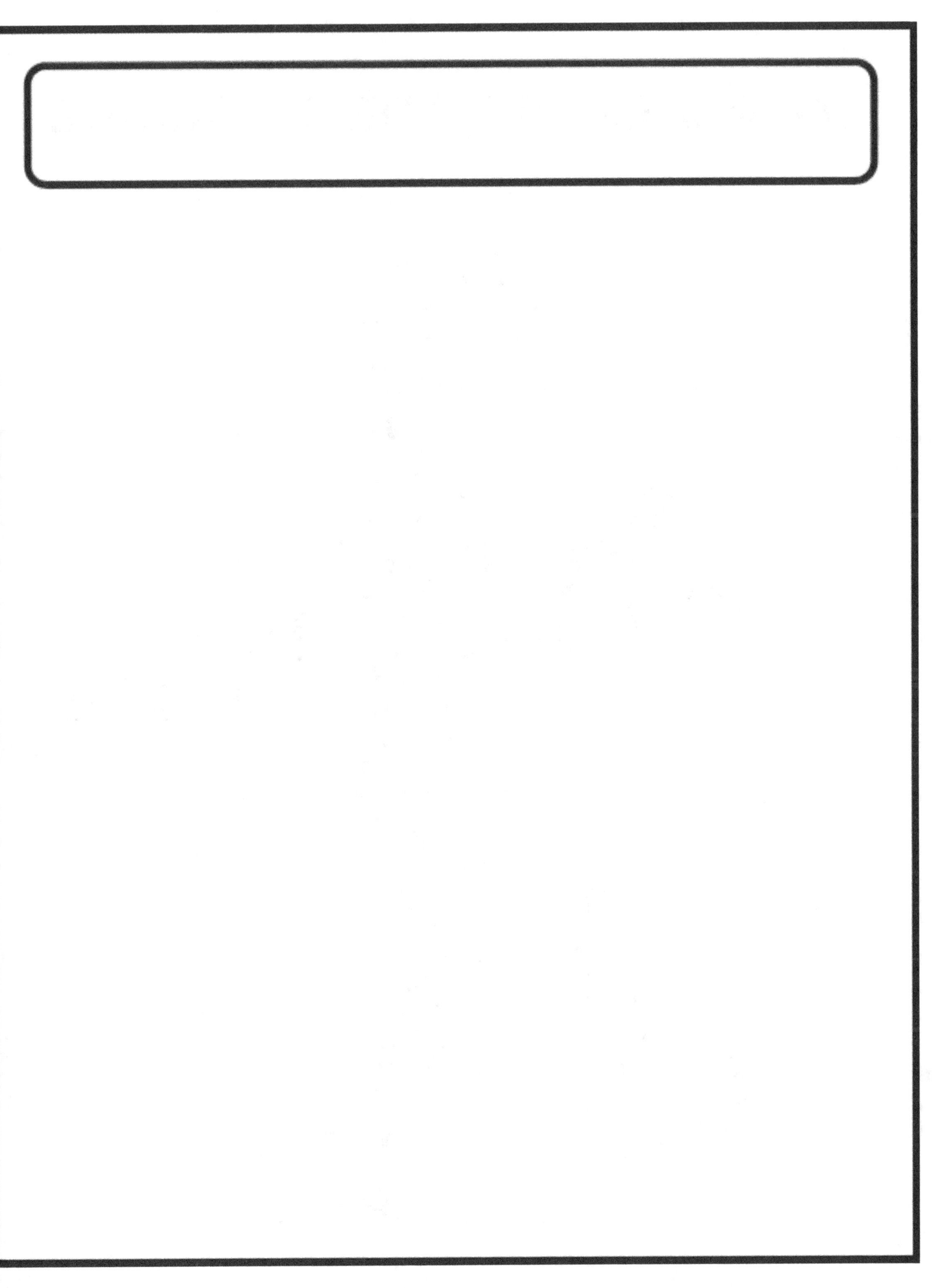

MUMMIES LIVRE DE COLORIAGE

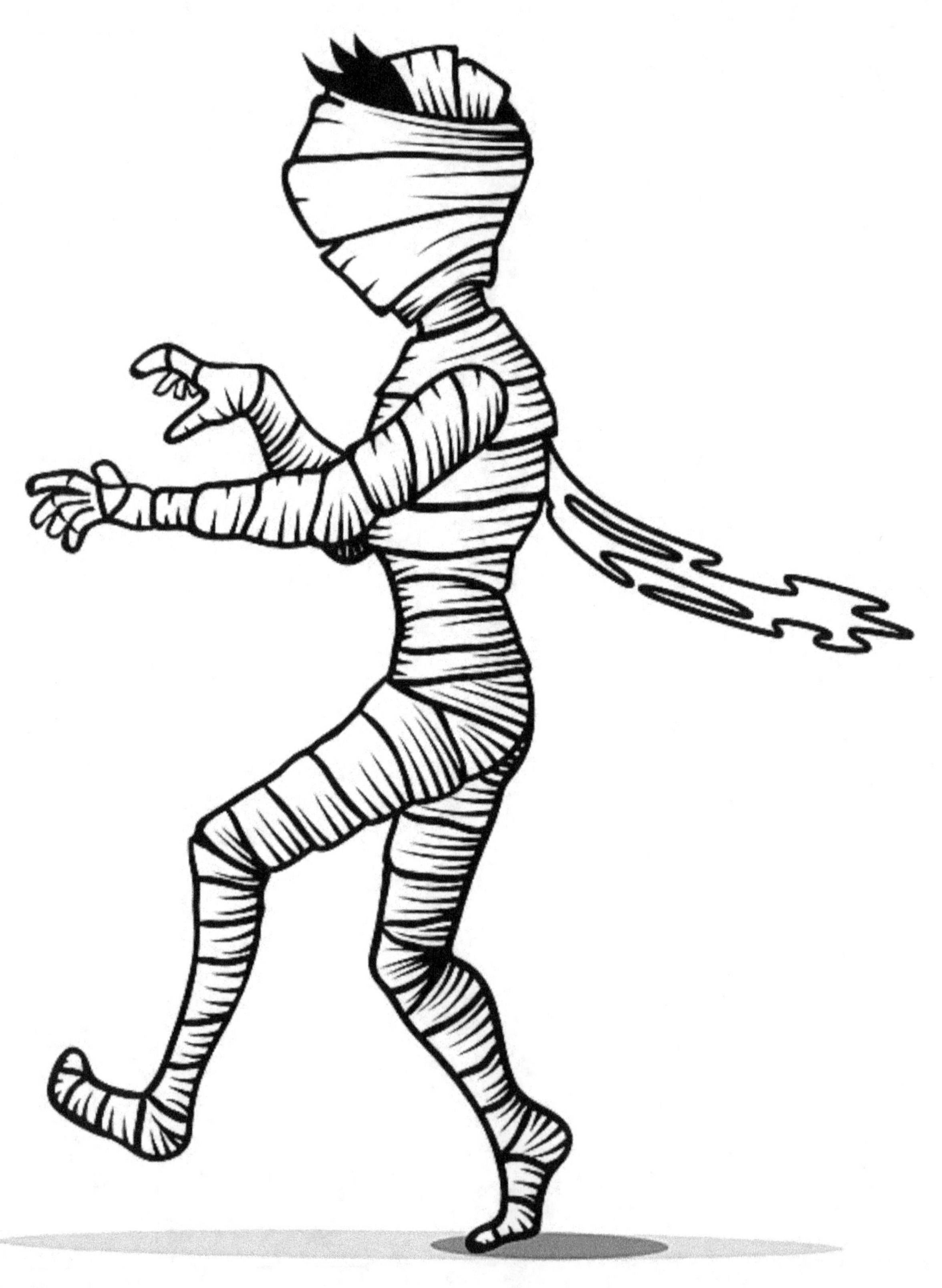

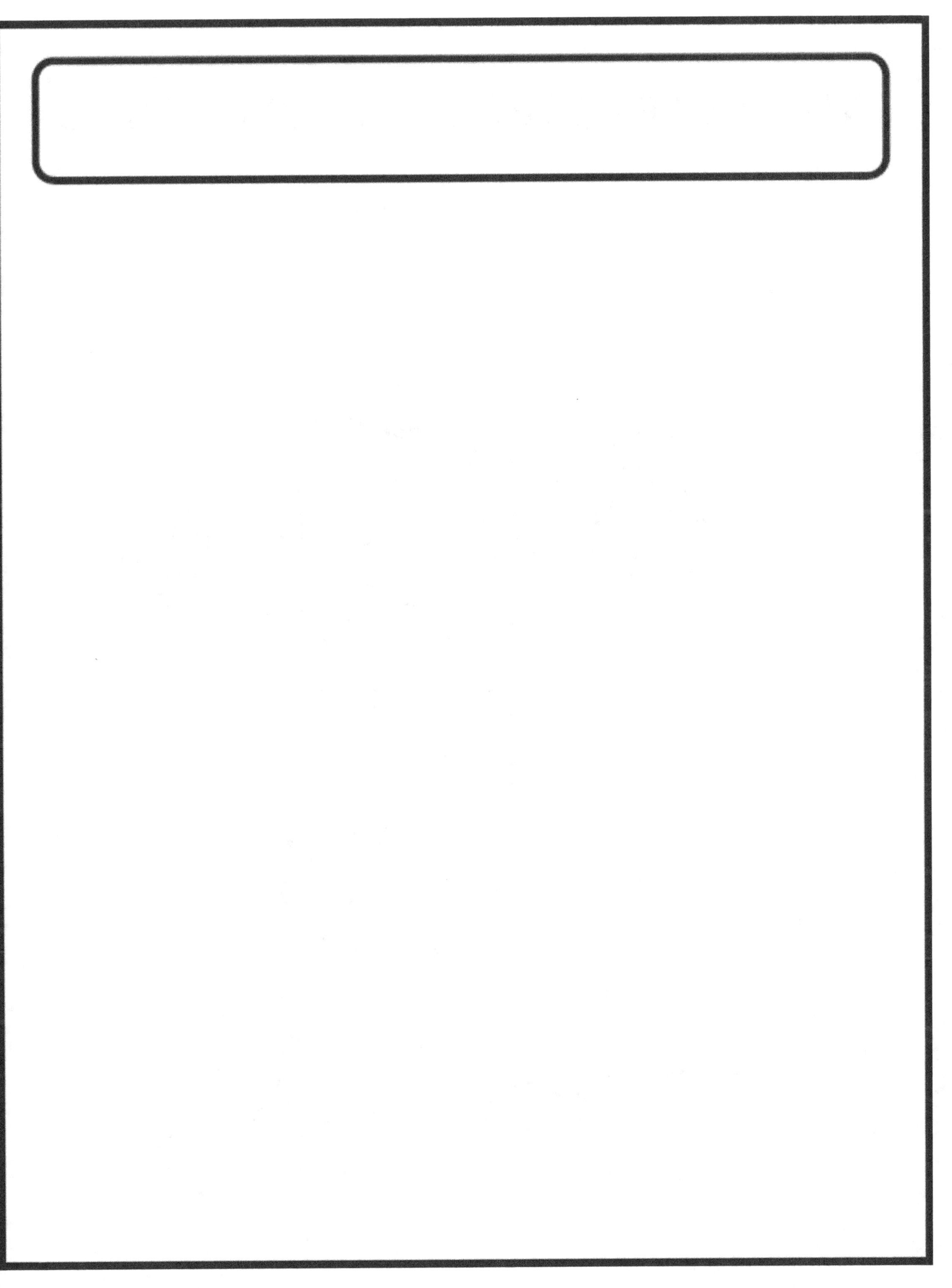

MUMMIES LIVRE DE COLORIAGE

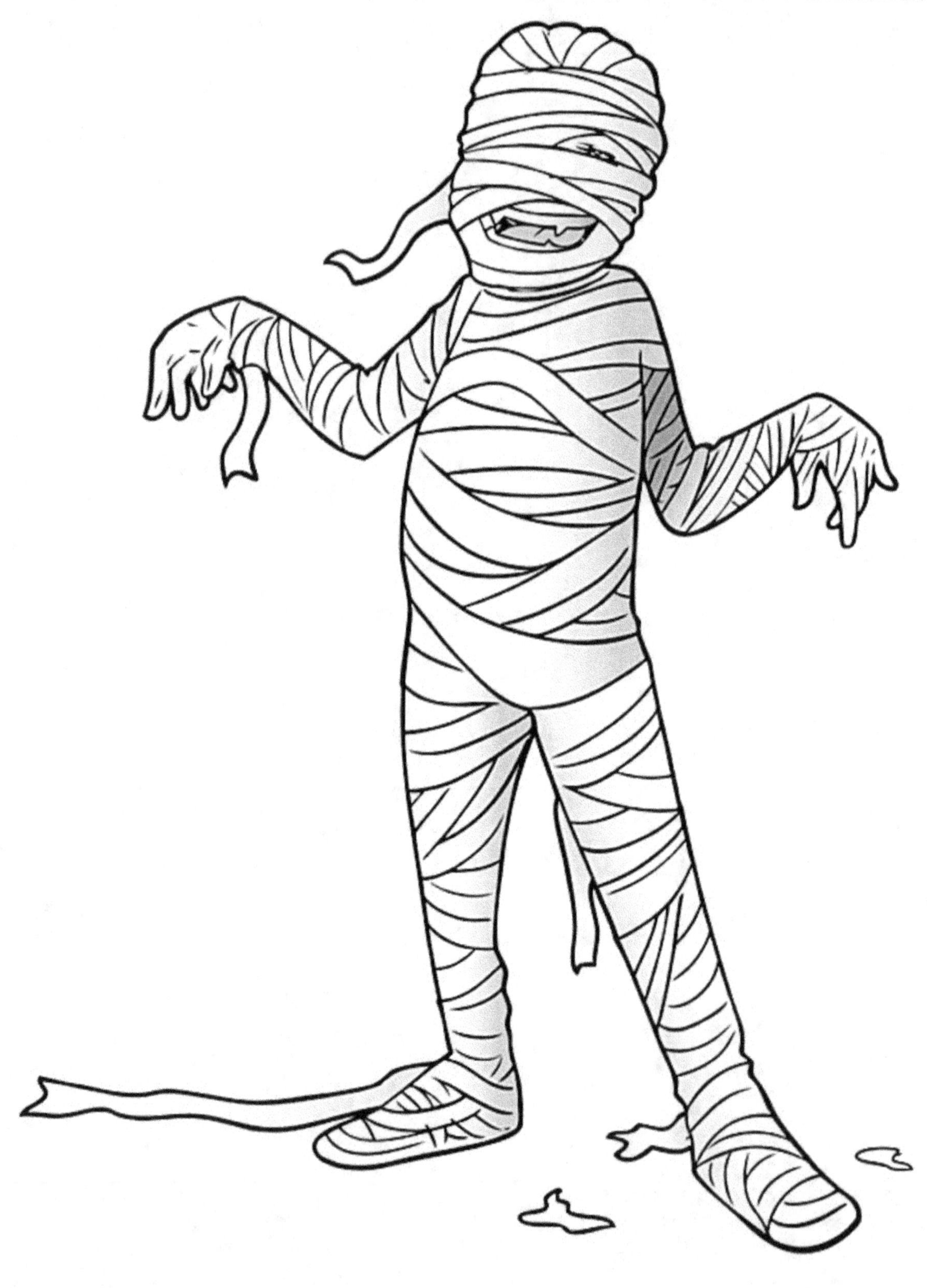

MUMMIES LIVRE DE COLORIAGE

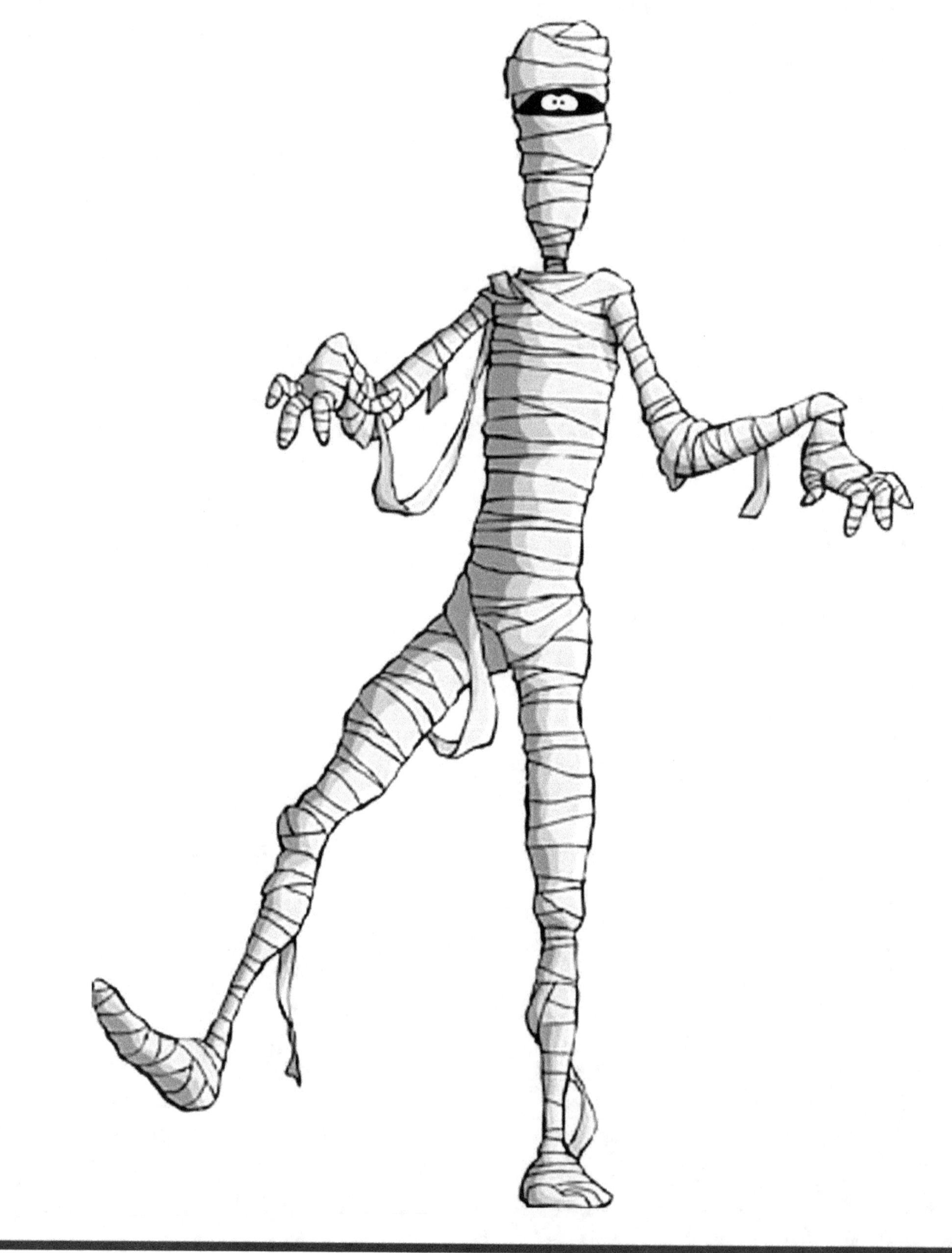

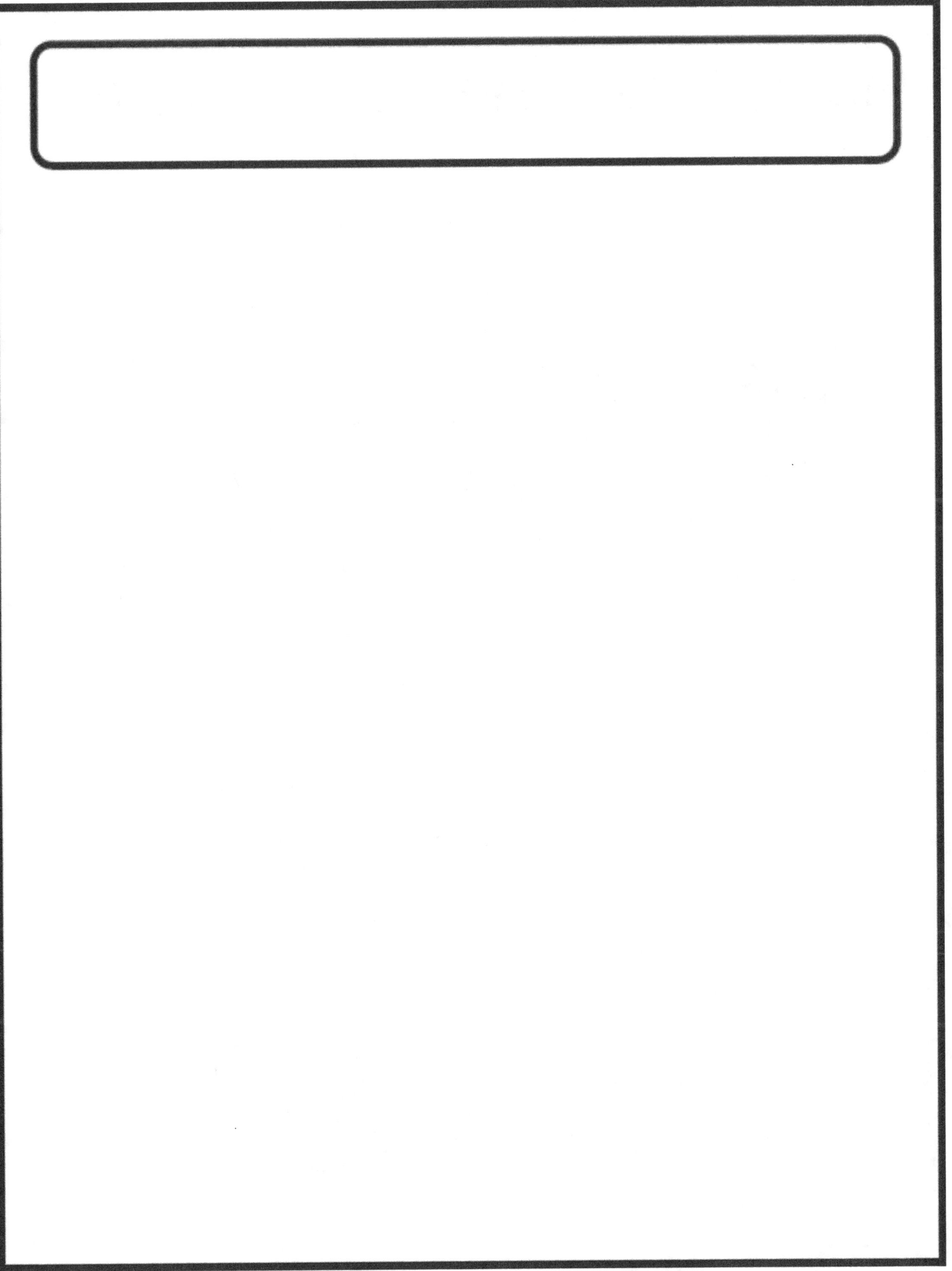

MUMMIES LIVRE DE COLORIAGE

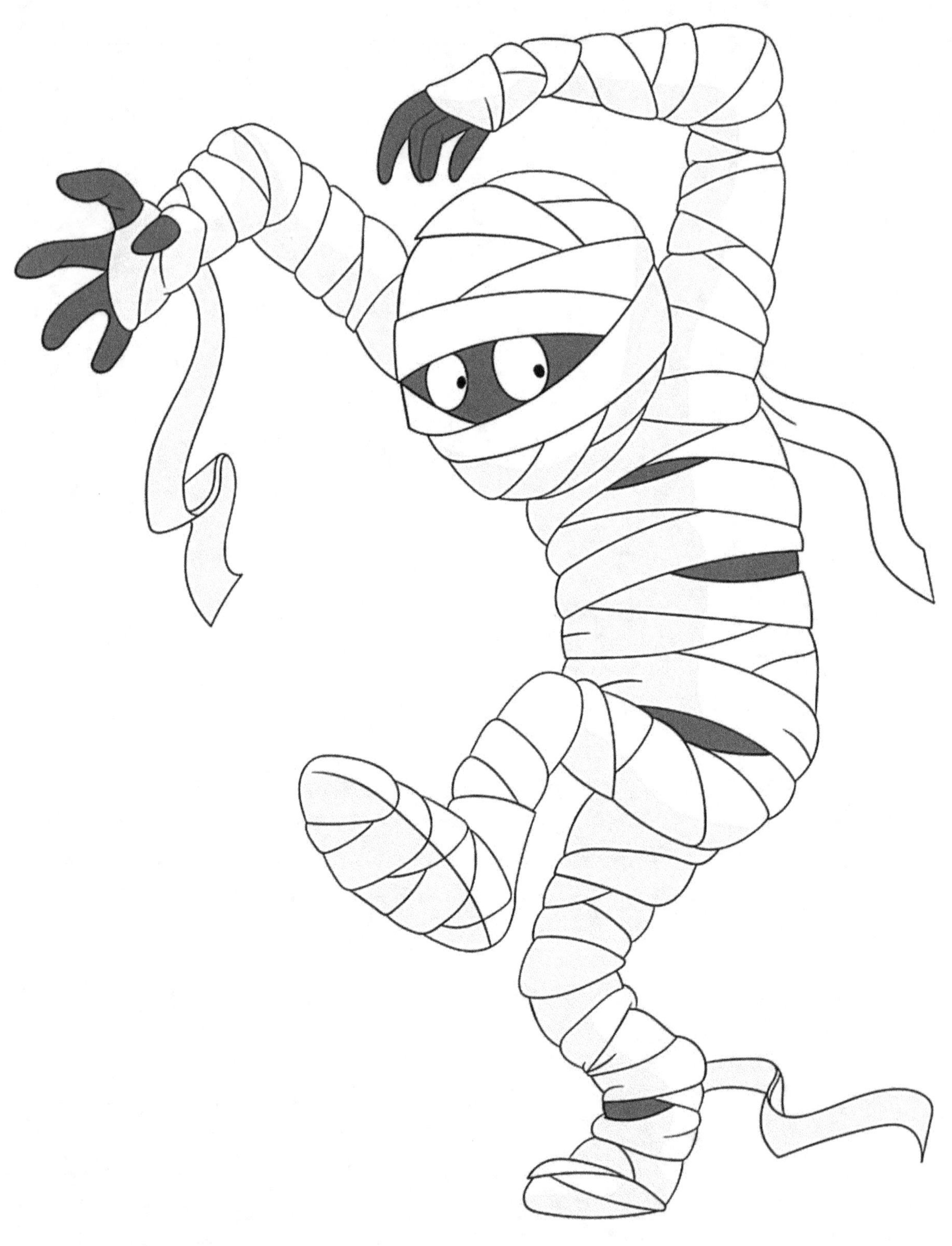

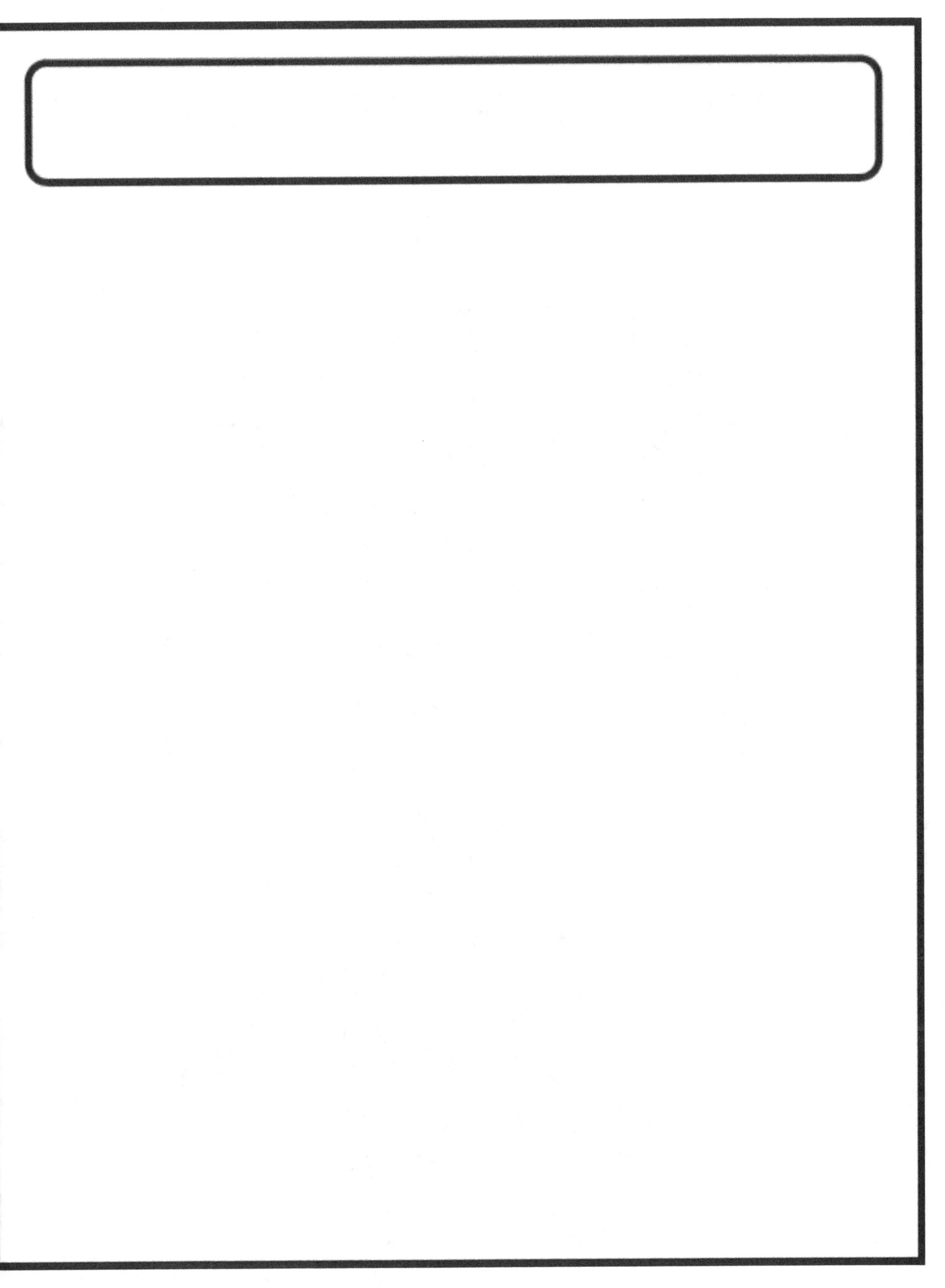

MUMMIES LIVRE DE COLORIAGE

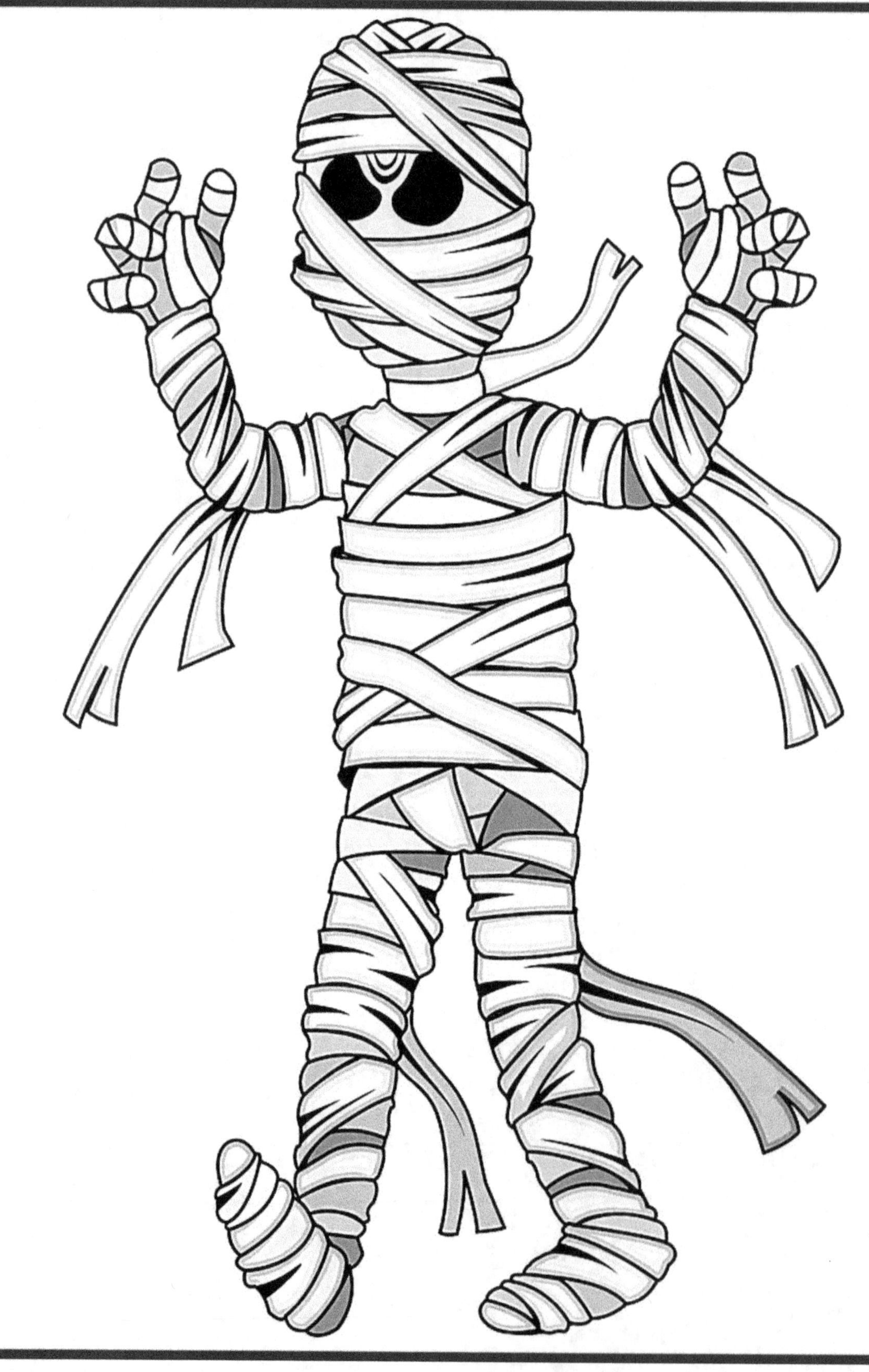

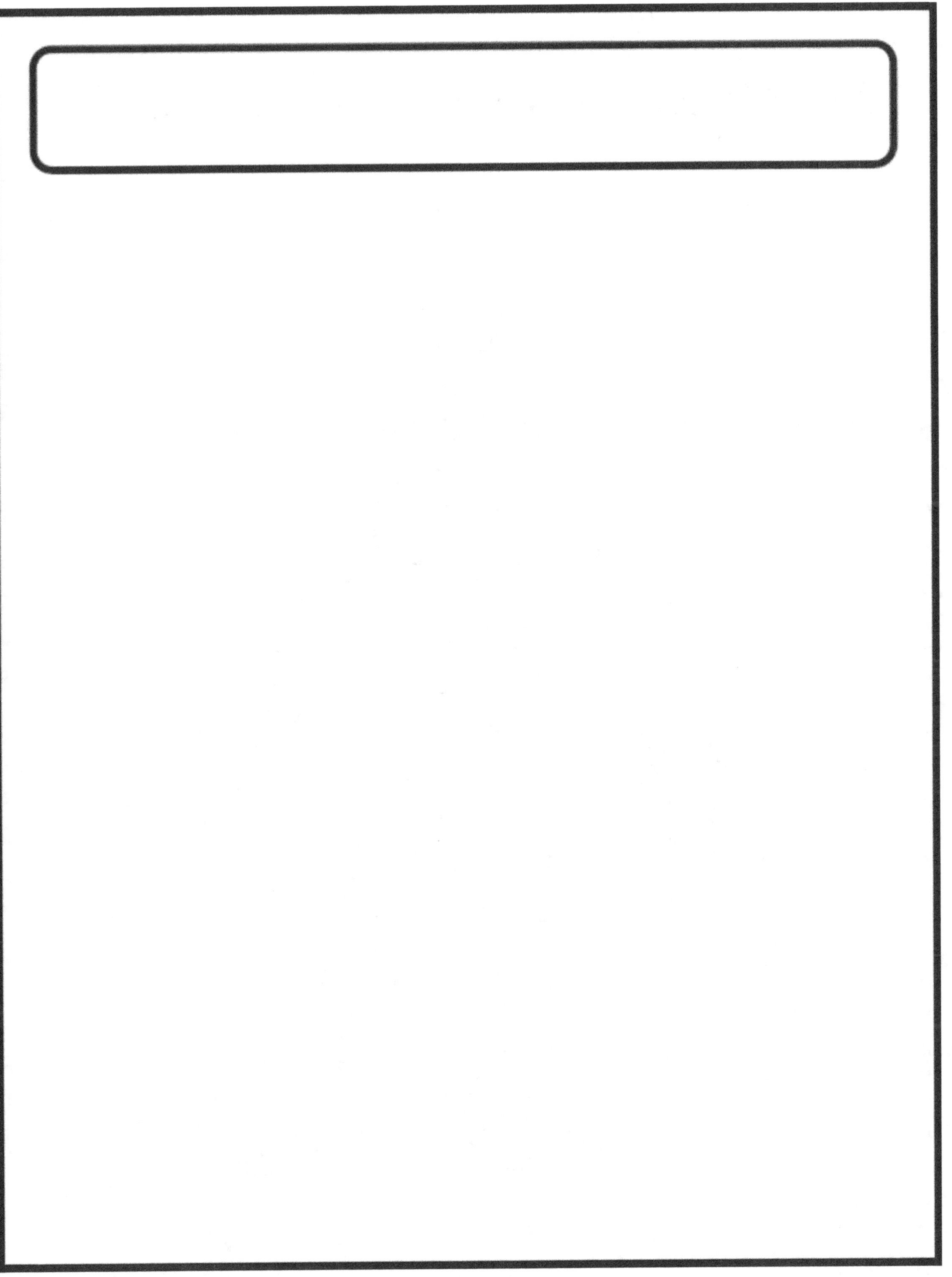

MUMMIES LIVRE DE COLORIAGE

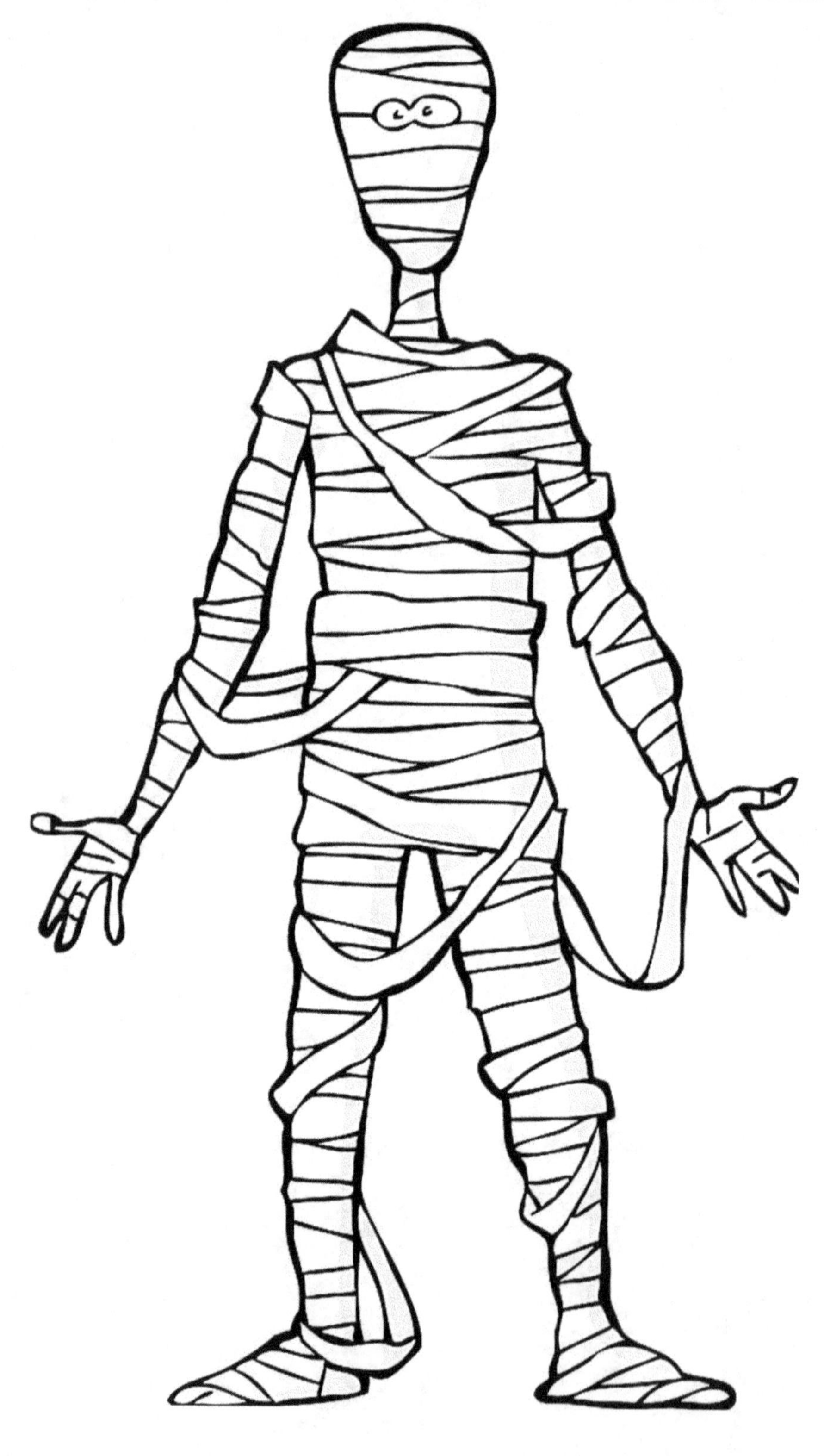

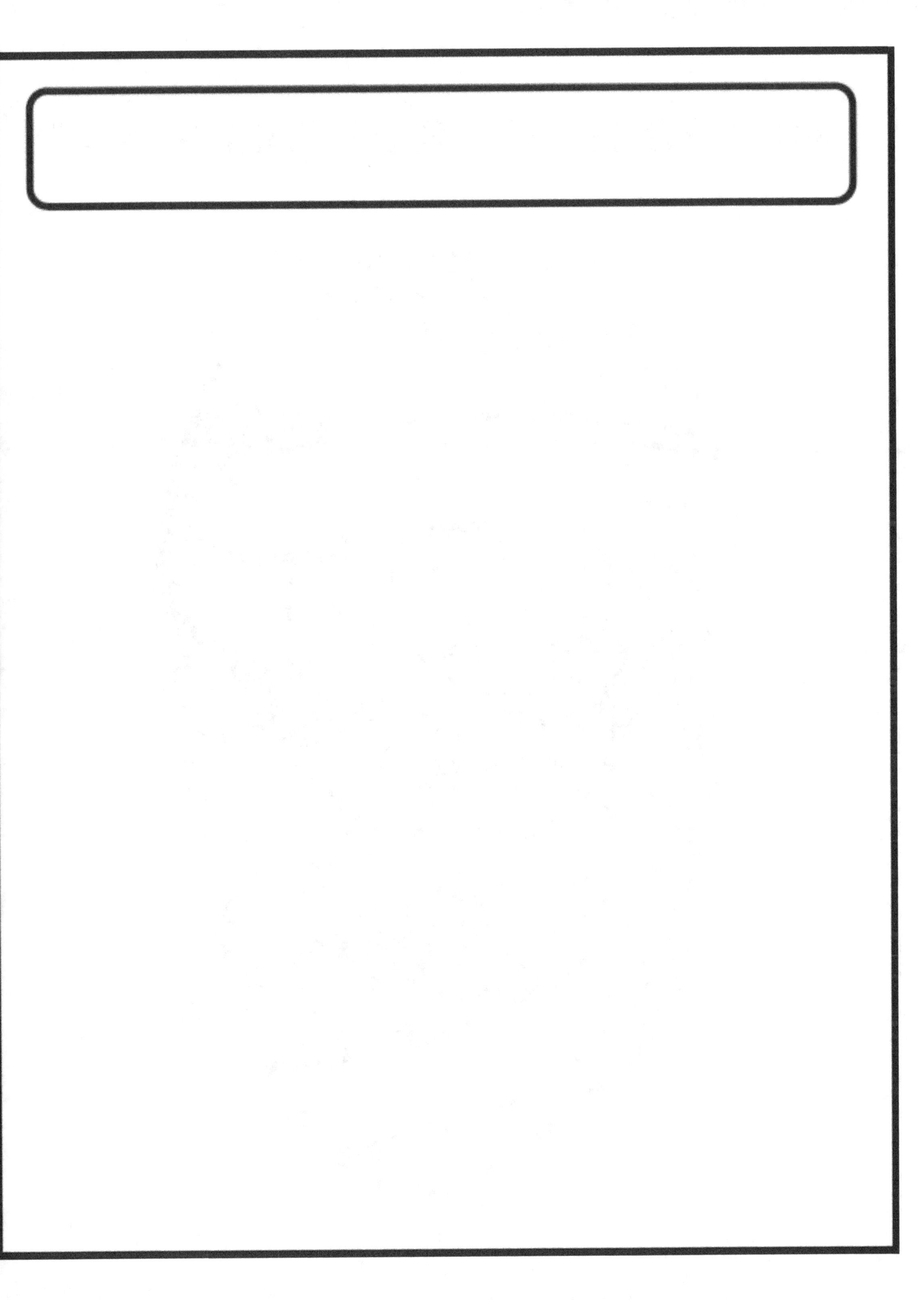

MUMMIES LIVRE DE COLORIAGE

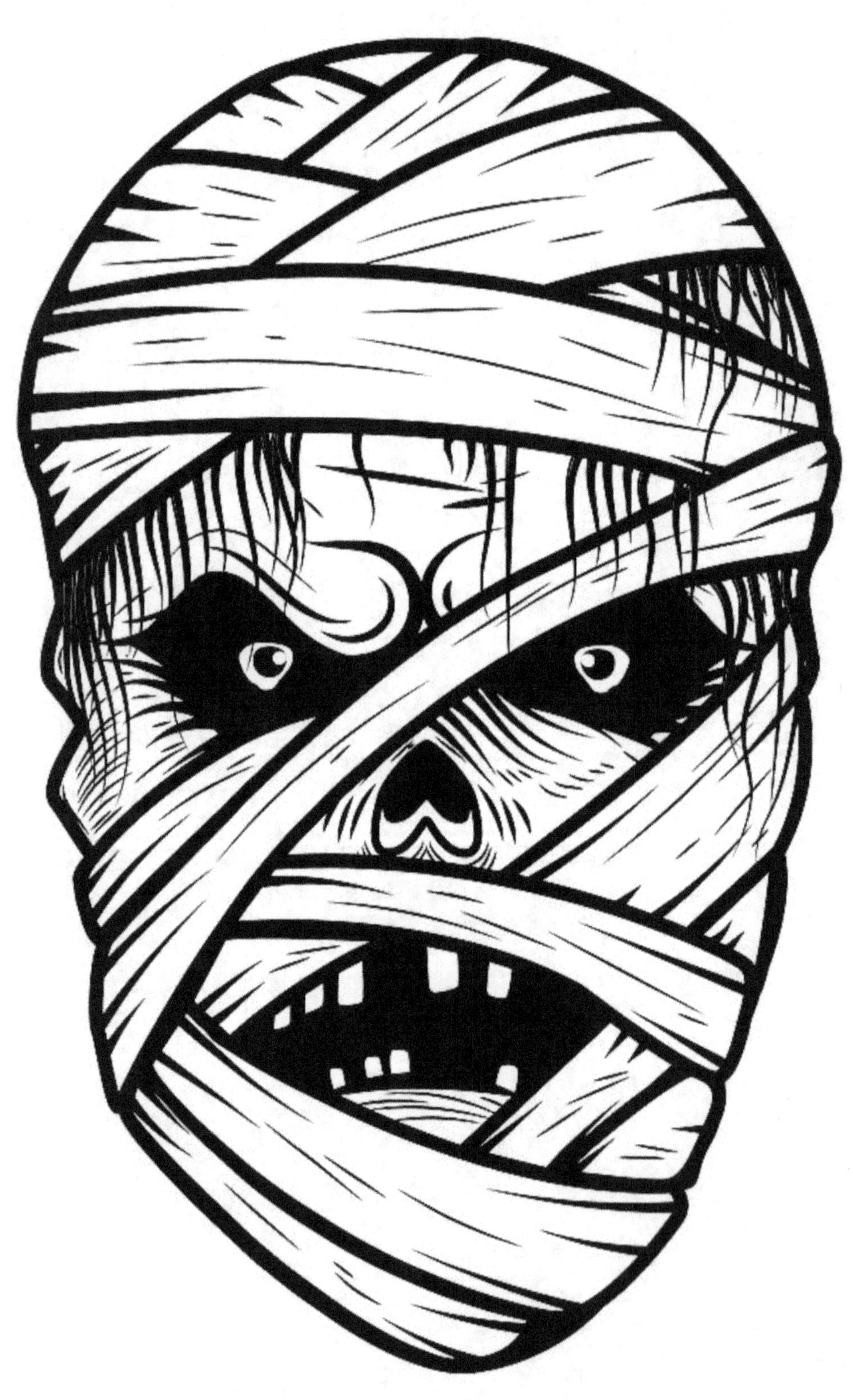

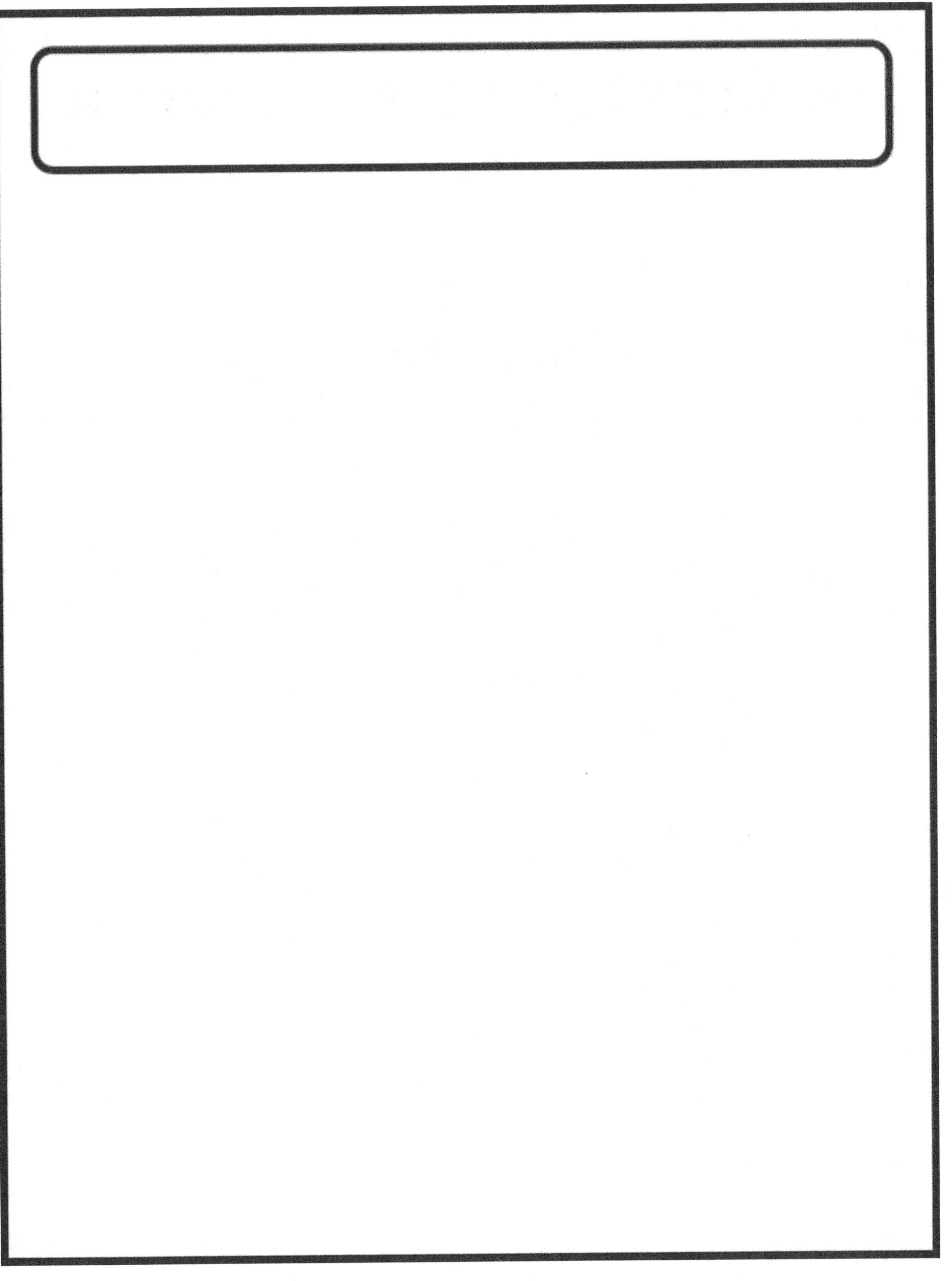

MUMMIES LIVRE DE COLORIAGE

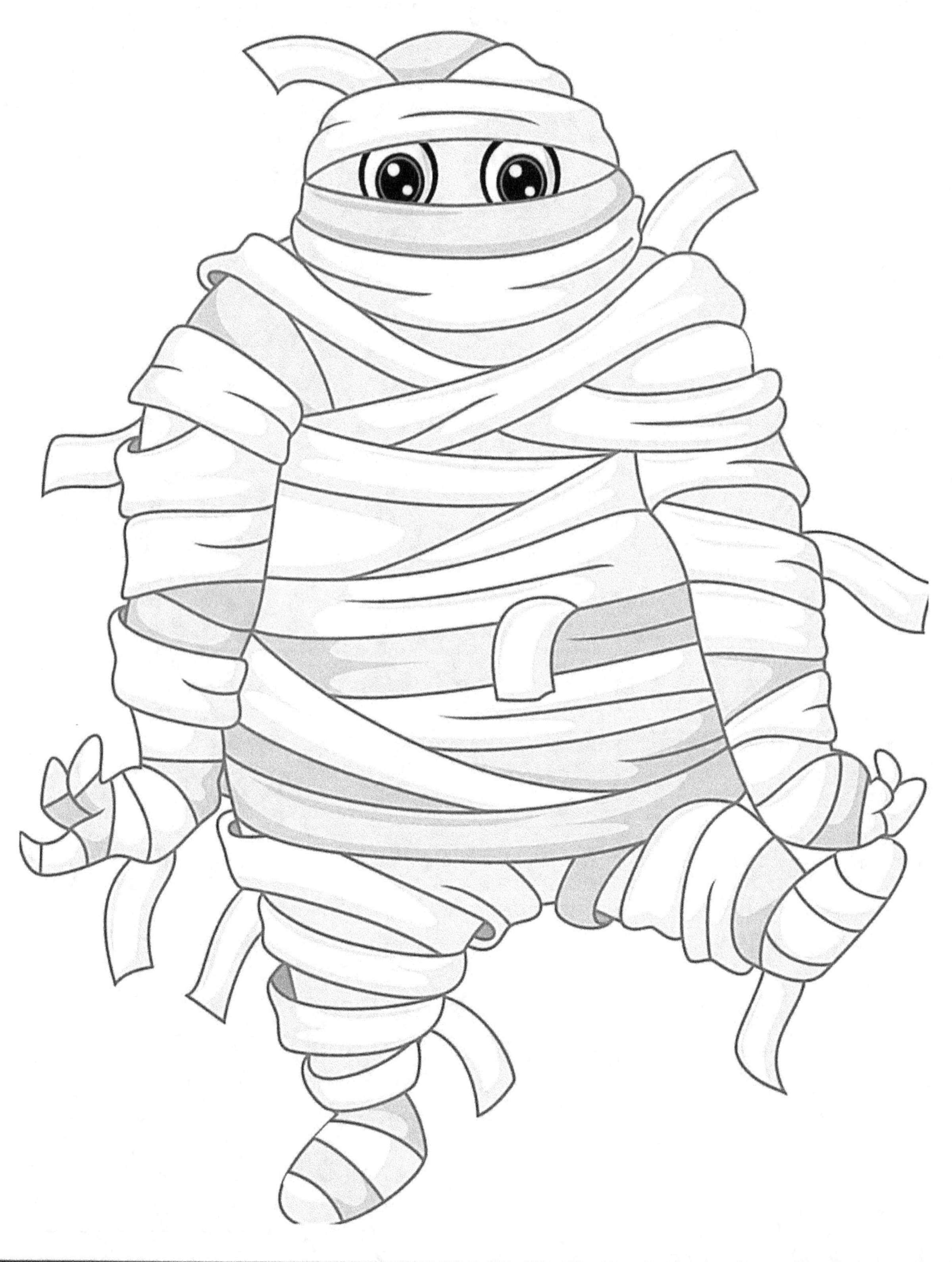

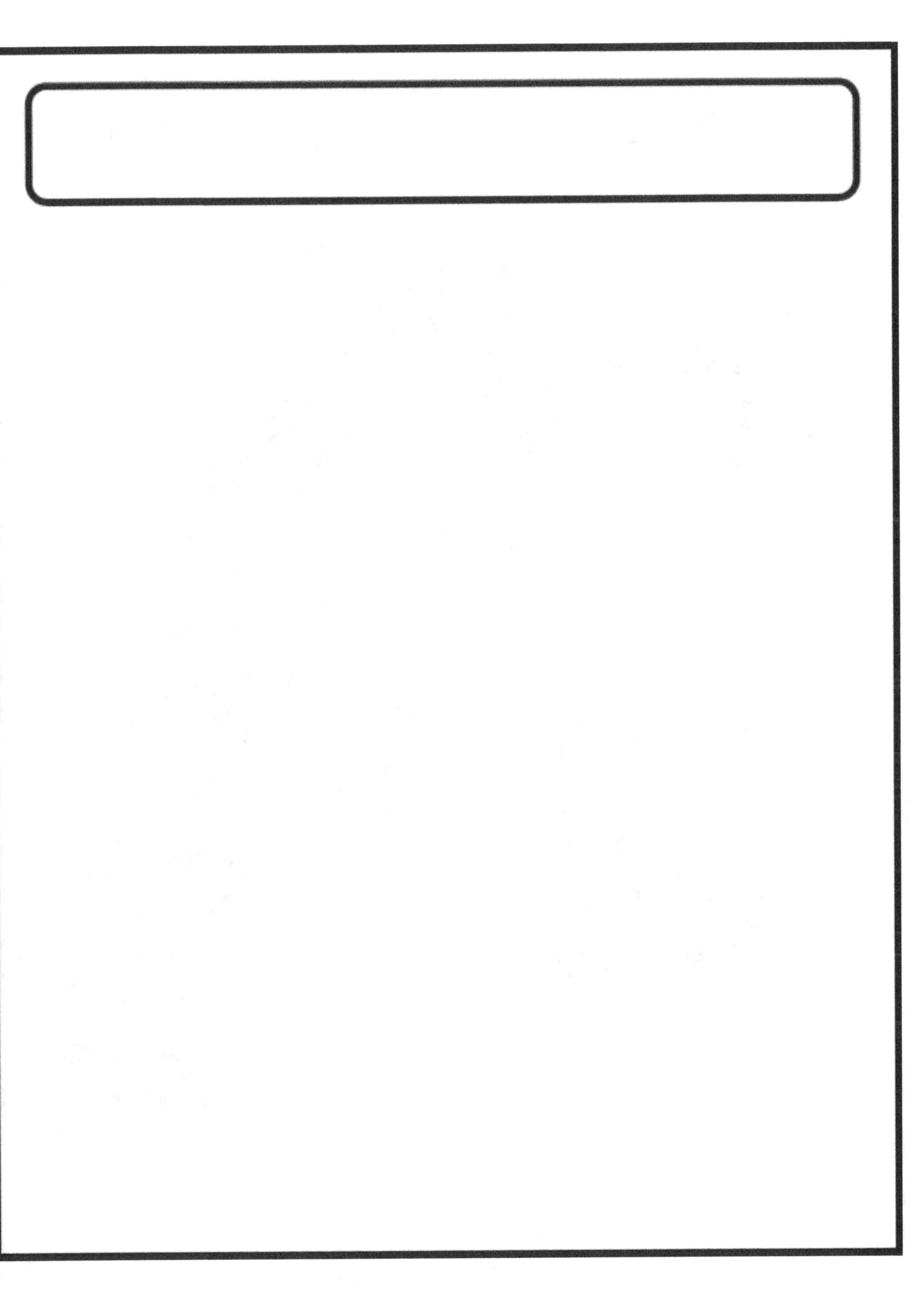

MUMMIES LIVRE DE COLORIAGE

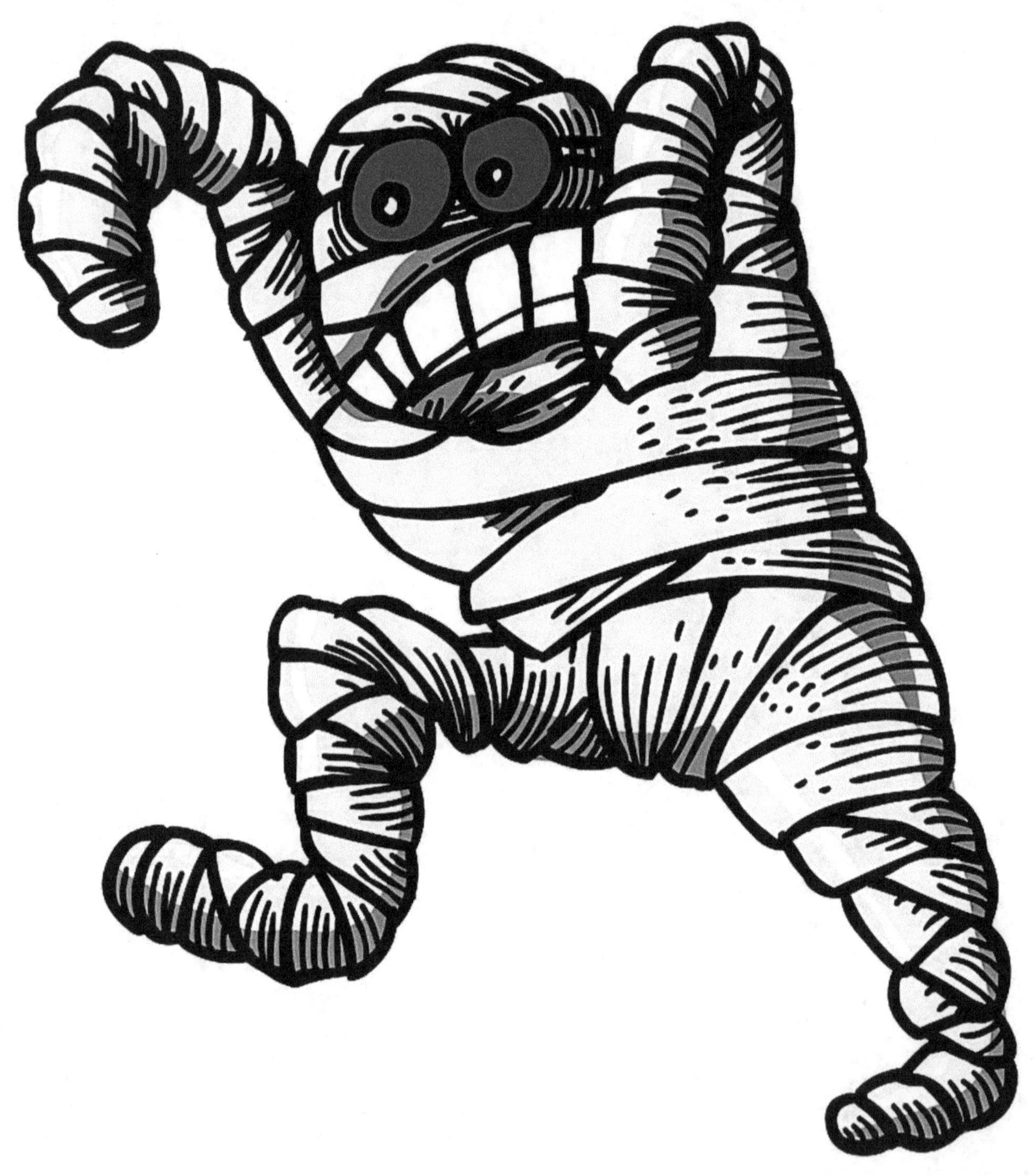

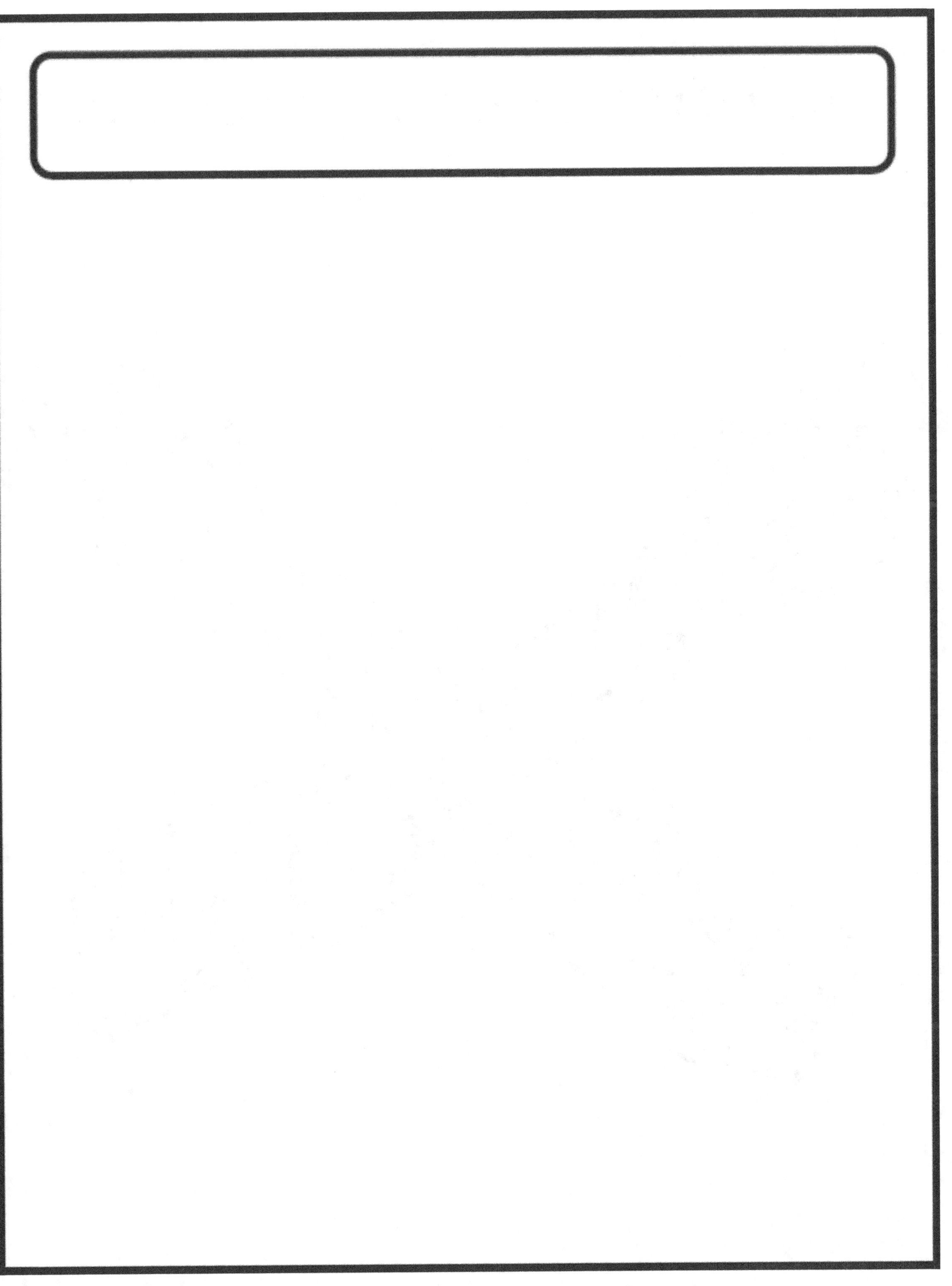

MUMMIES LIVRE DE COLORIAGE

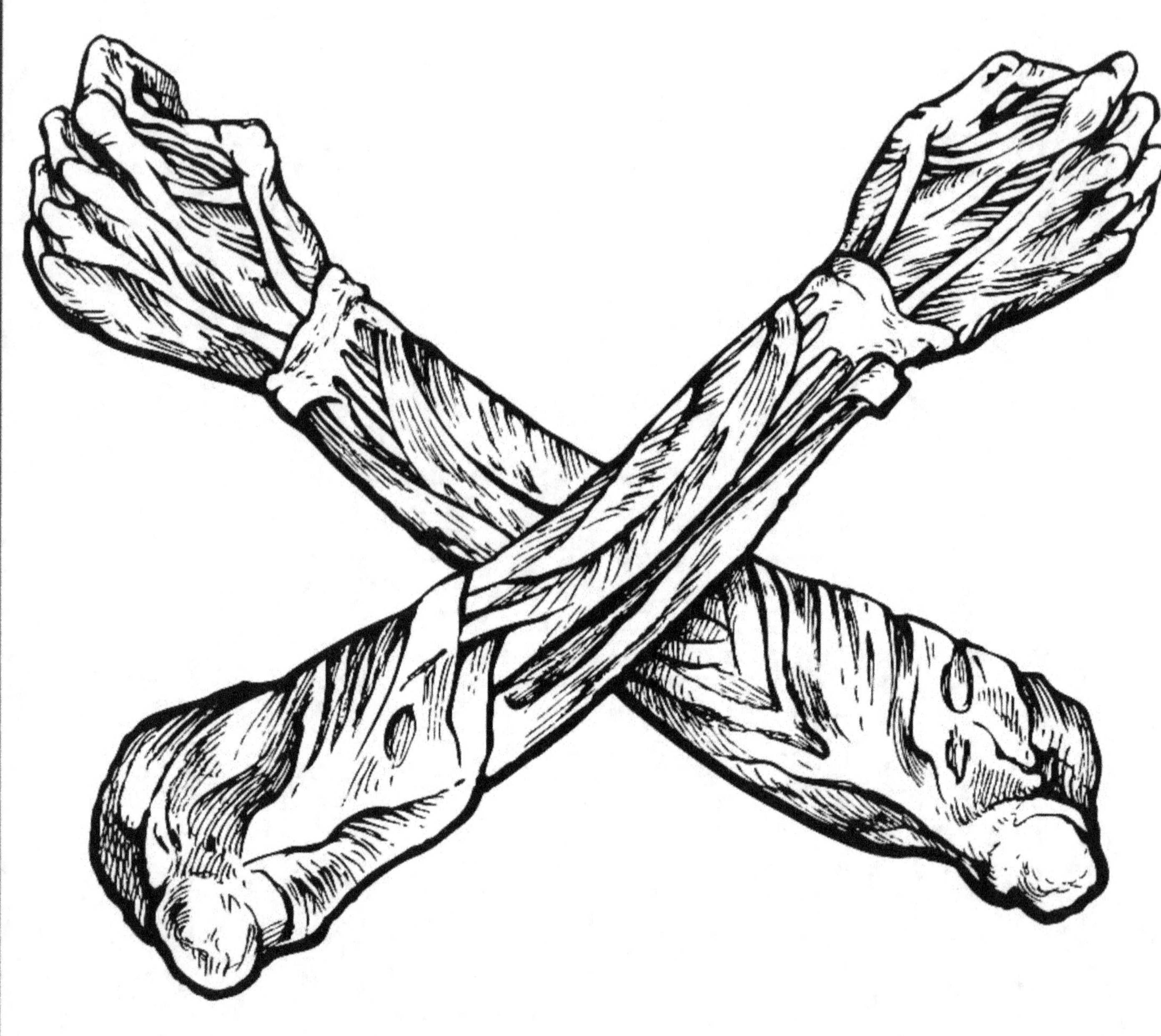

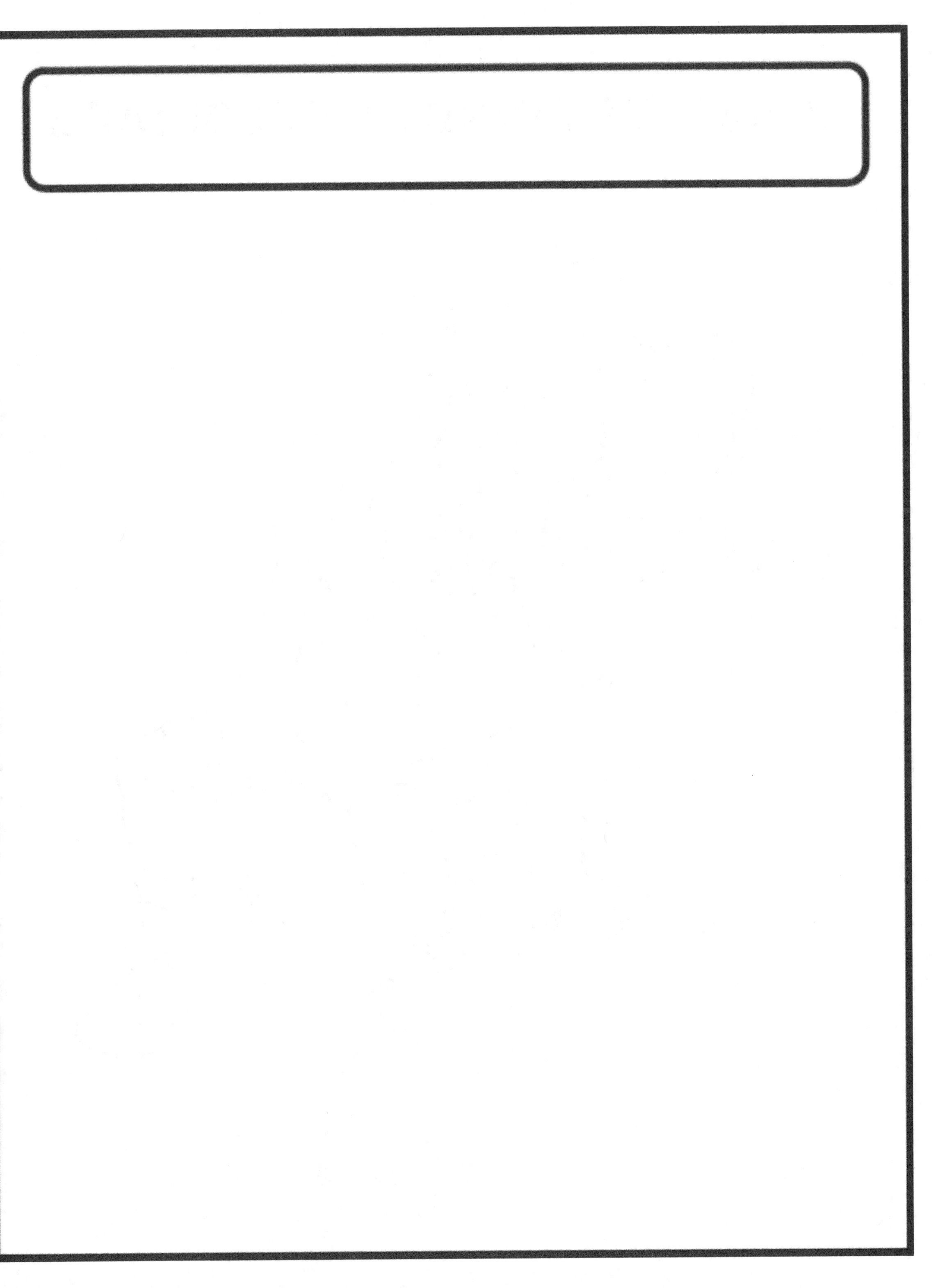

MUMMIES LIVRE DE COLORIAGE

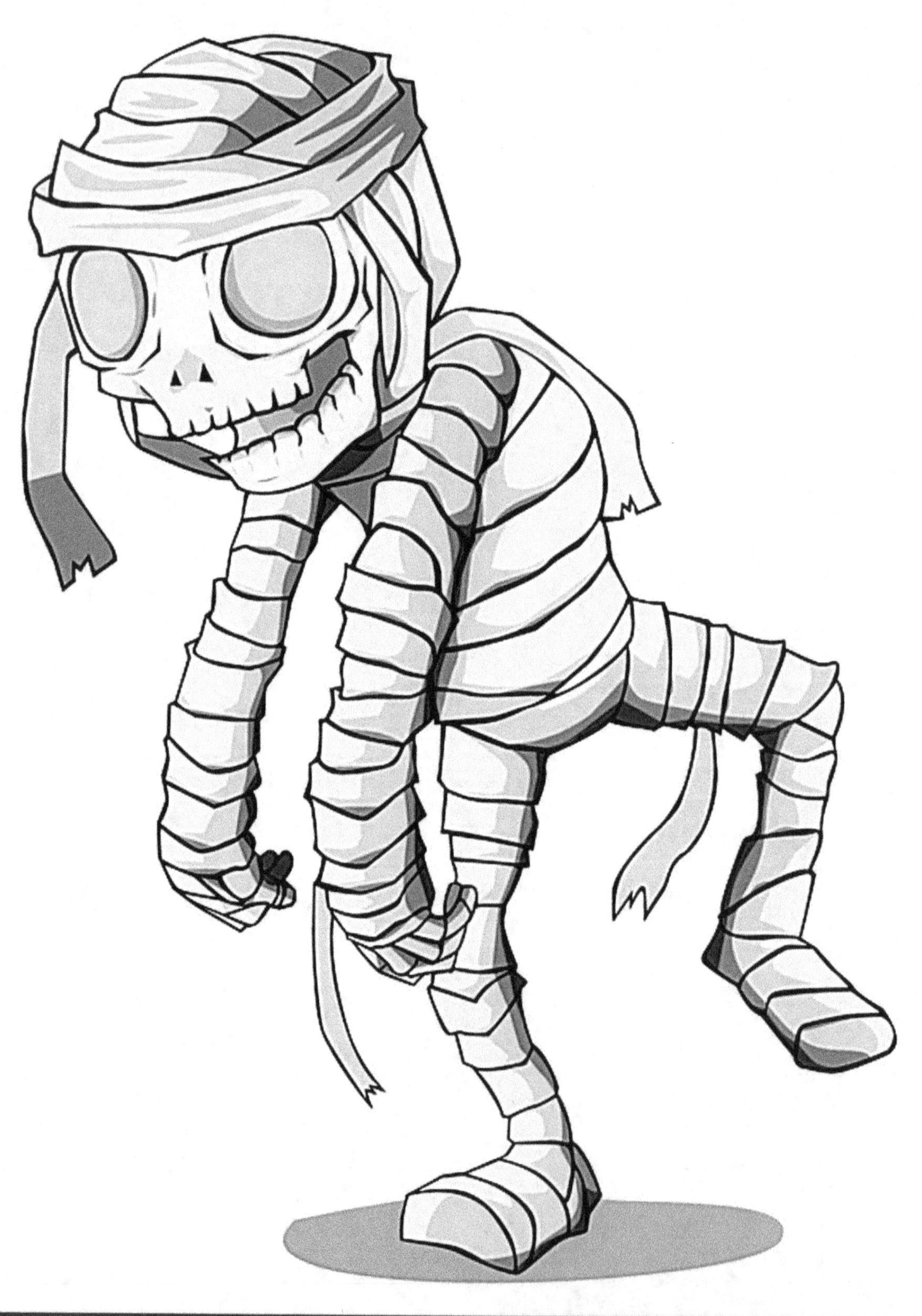

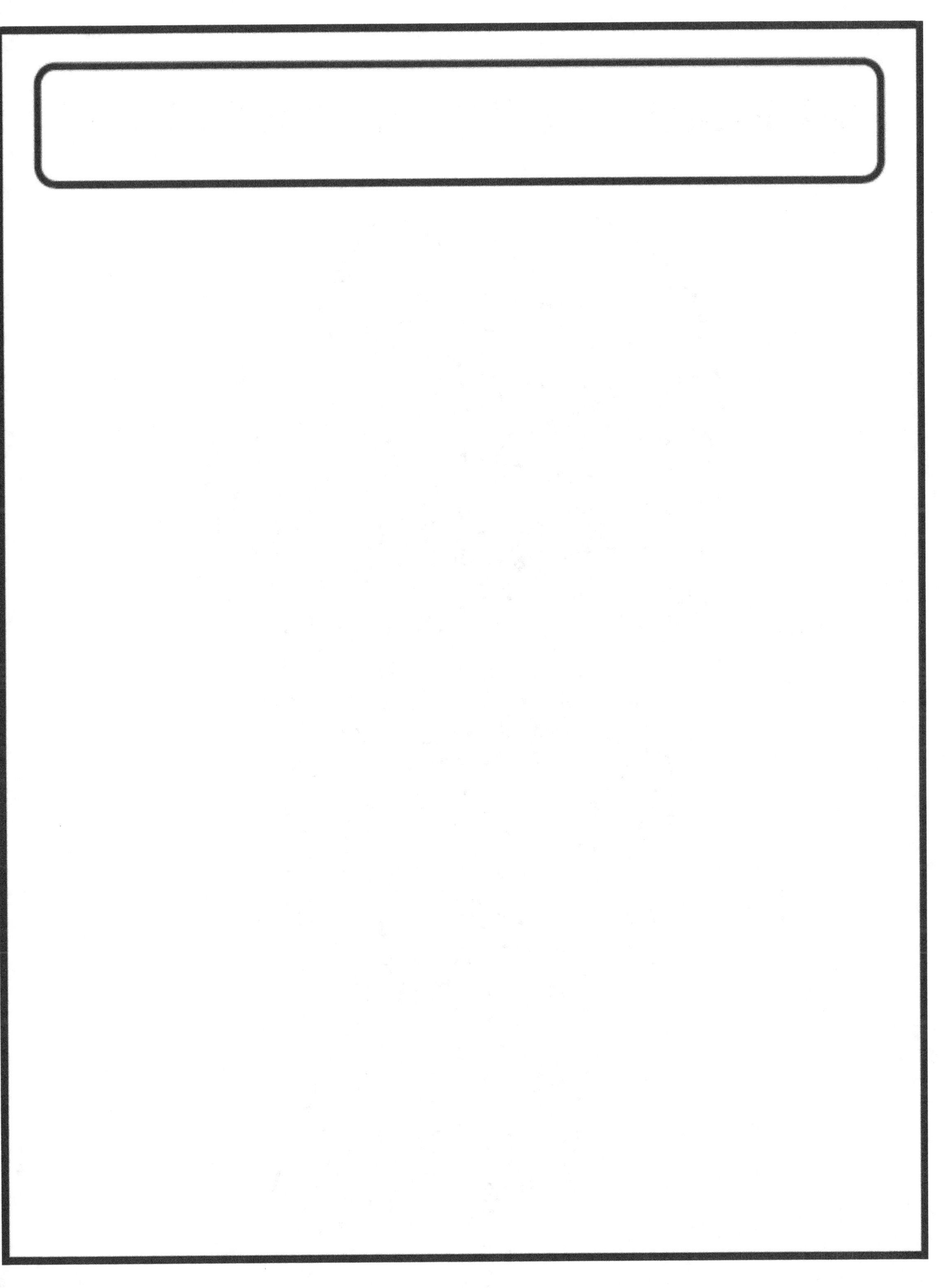

MUMMIES LIVRE DE COLORIAGE

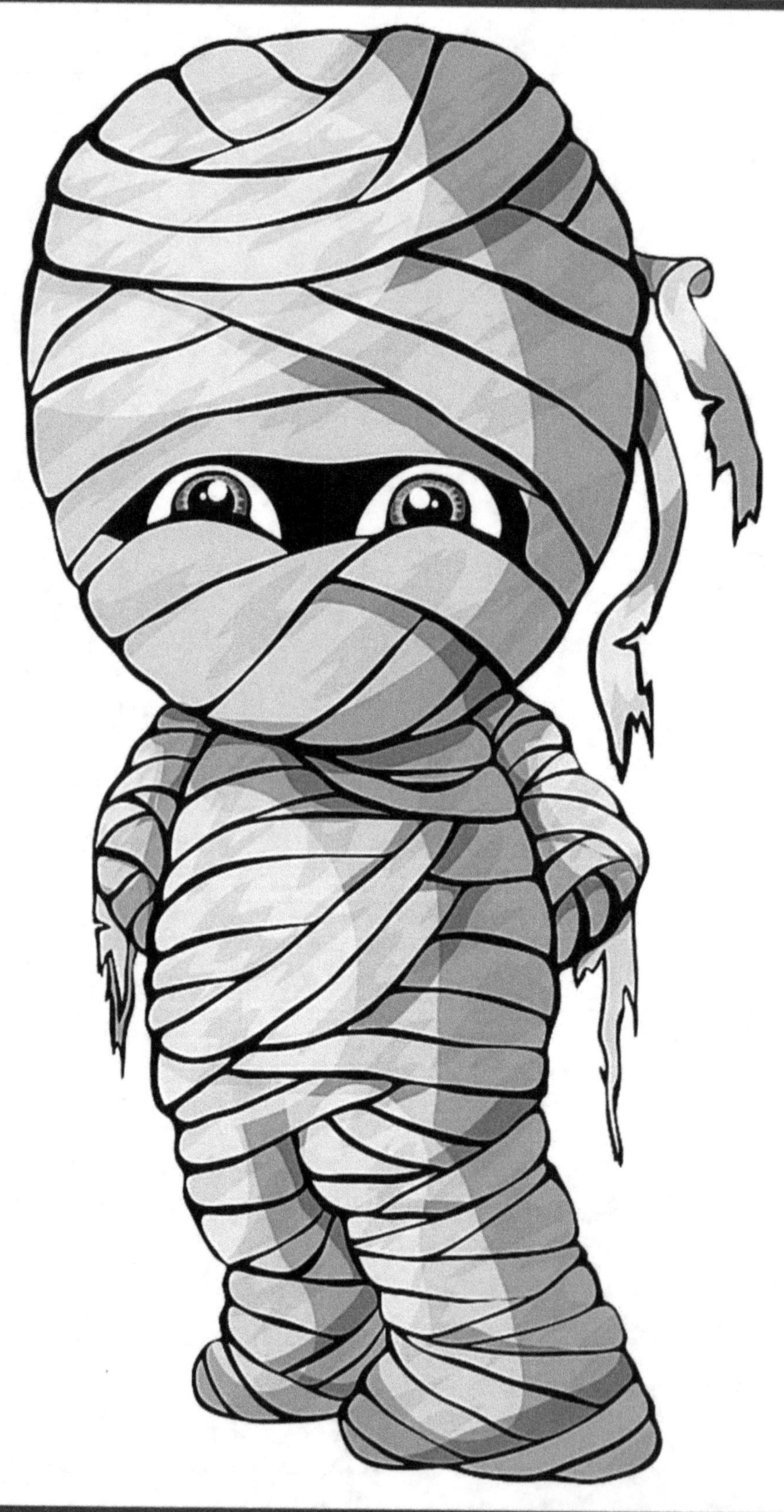

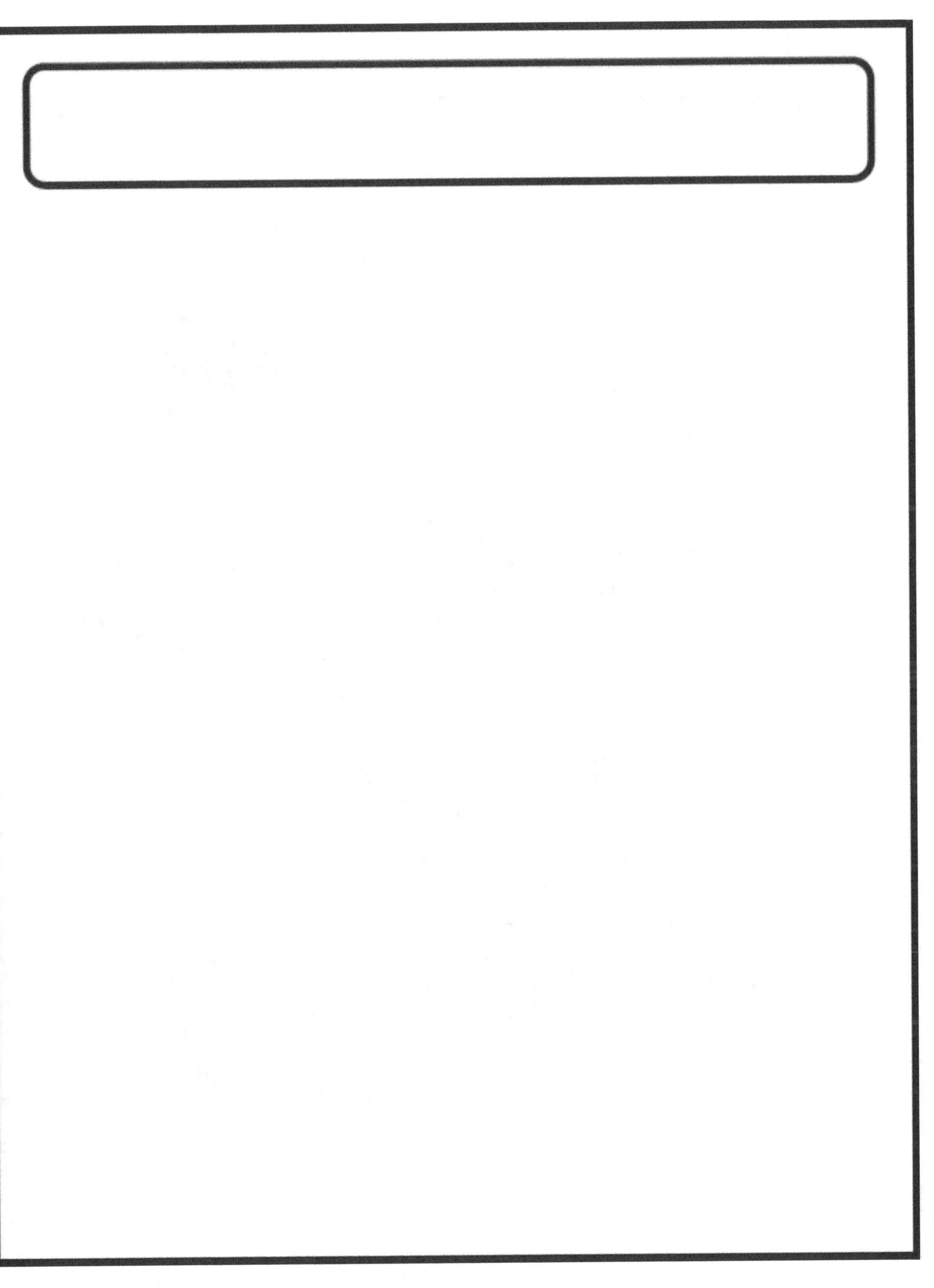

MUMMIES LIVRE DE COLORIAGE

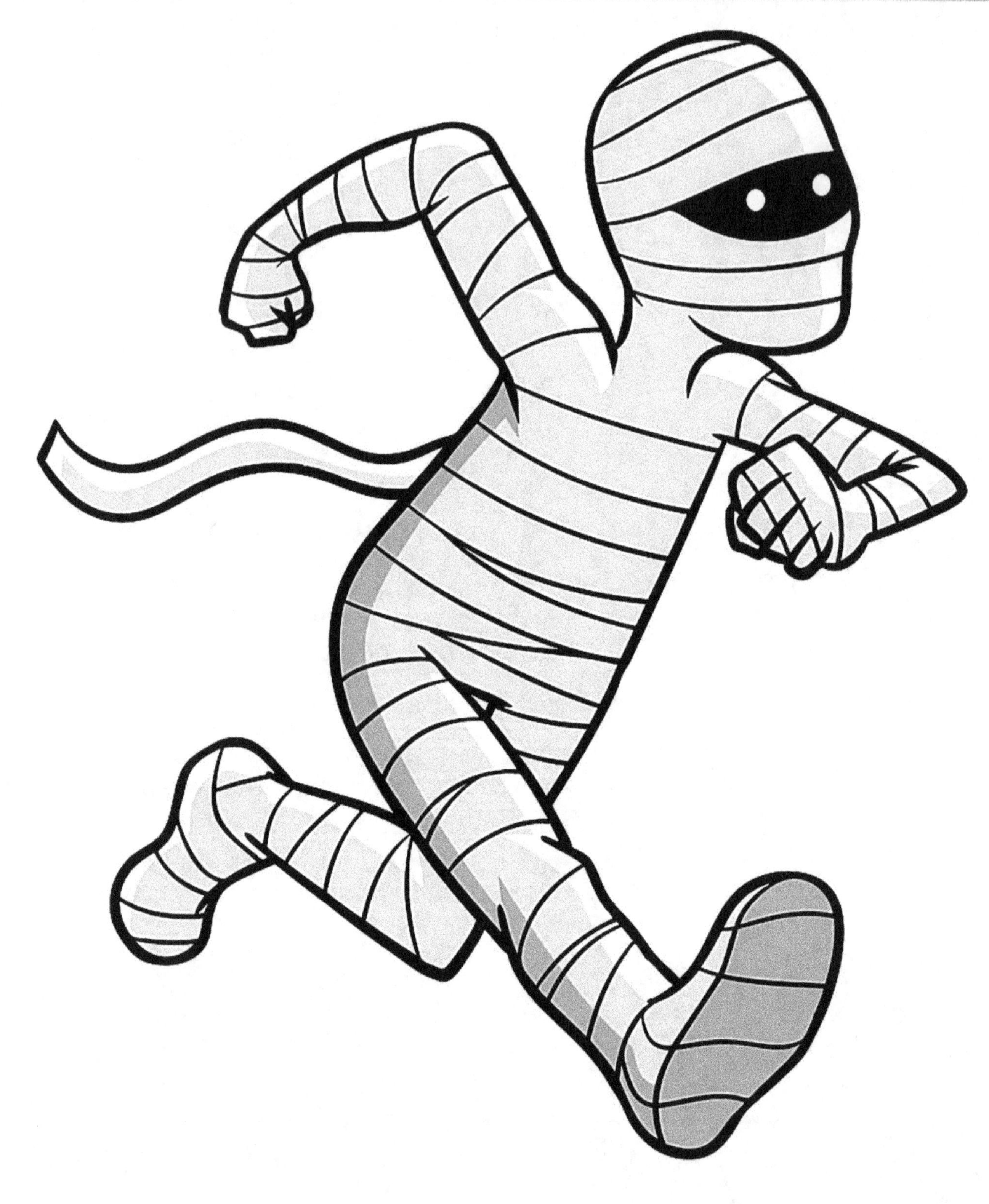

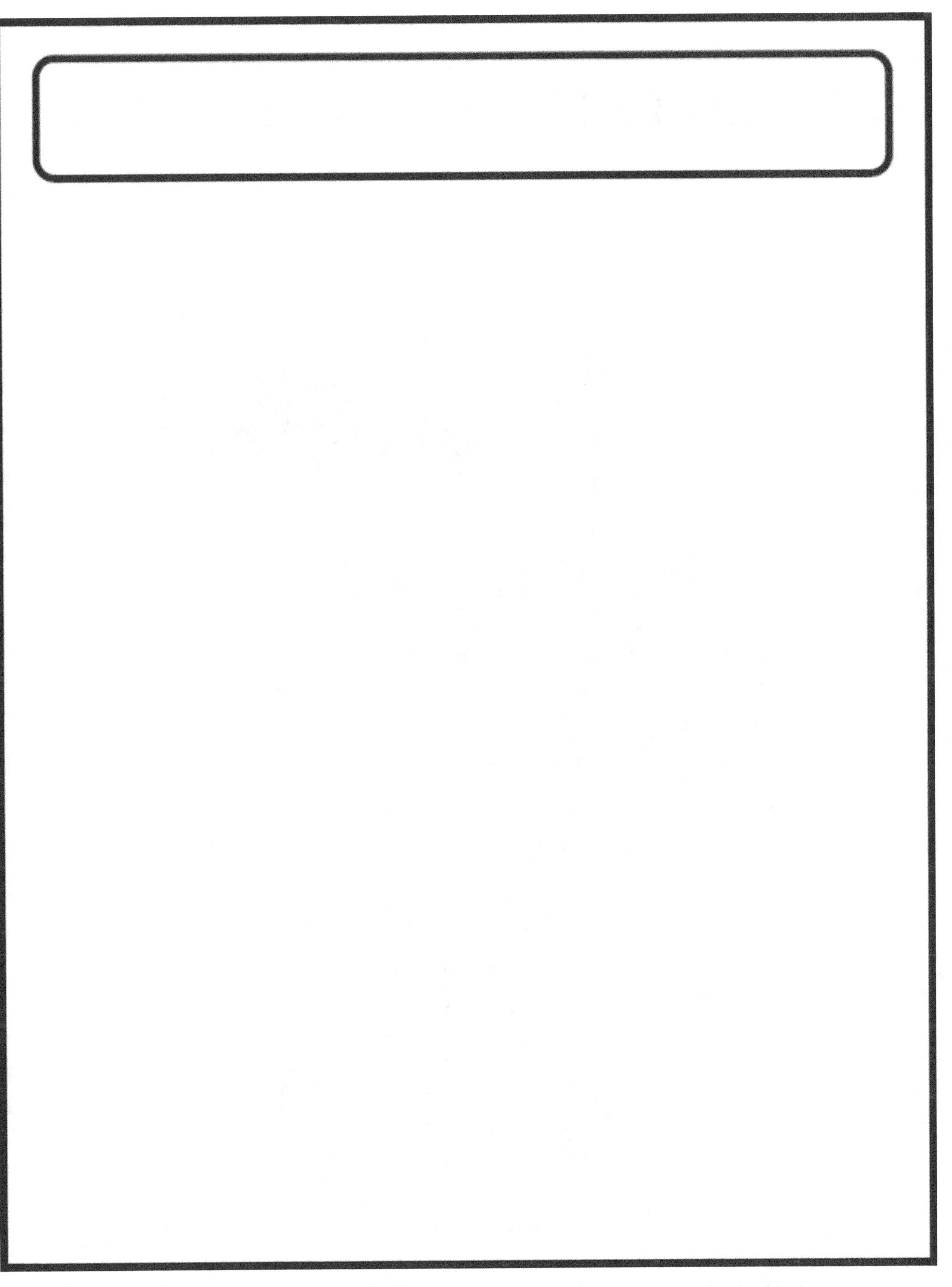

MUMMIES LIVRE DE COLORIAGE

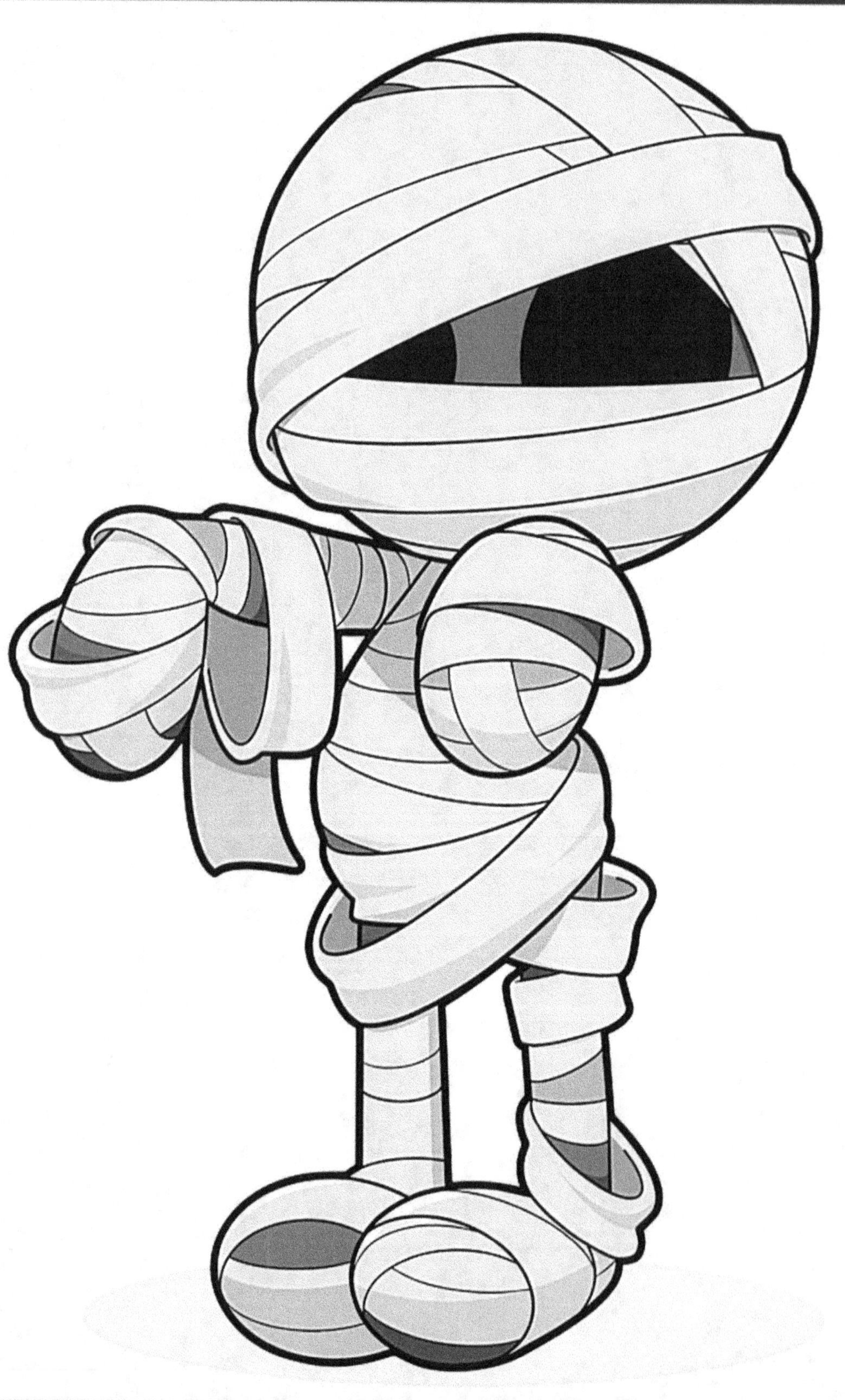

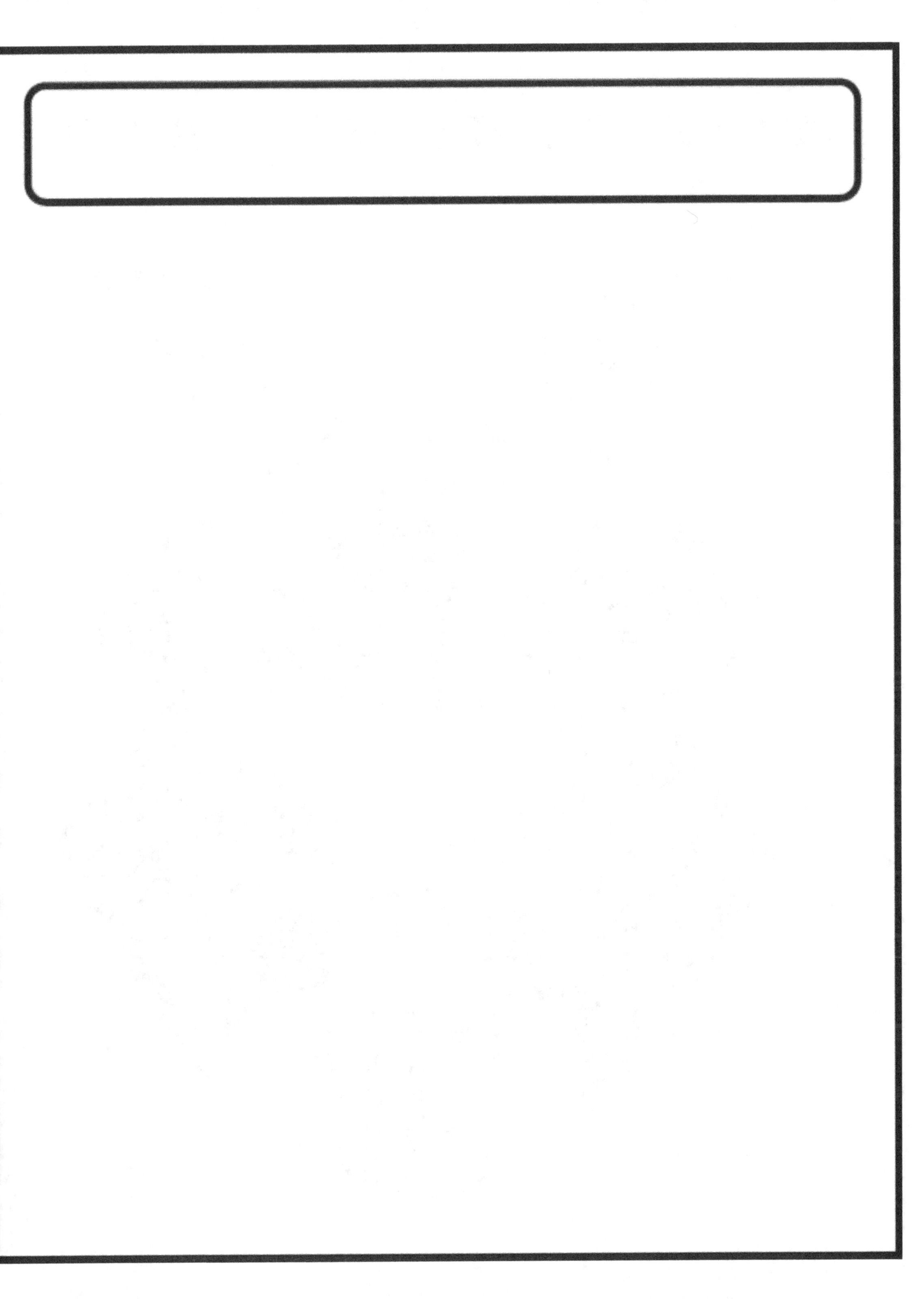

MUMMIES LIVRE DE COLORIAGE

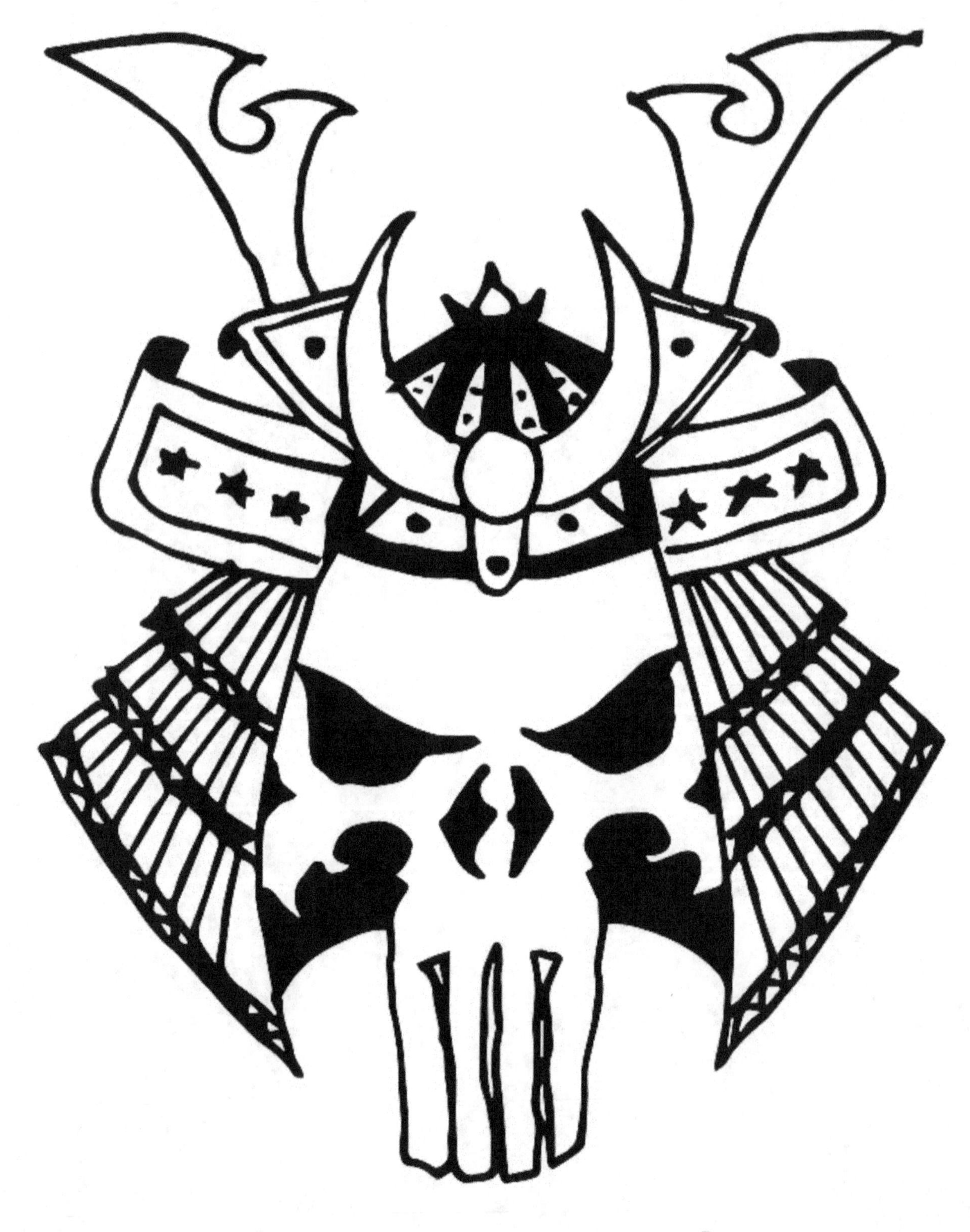

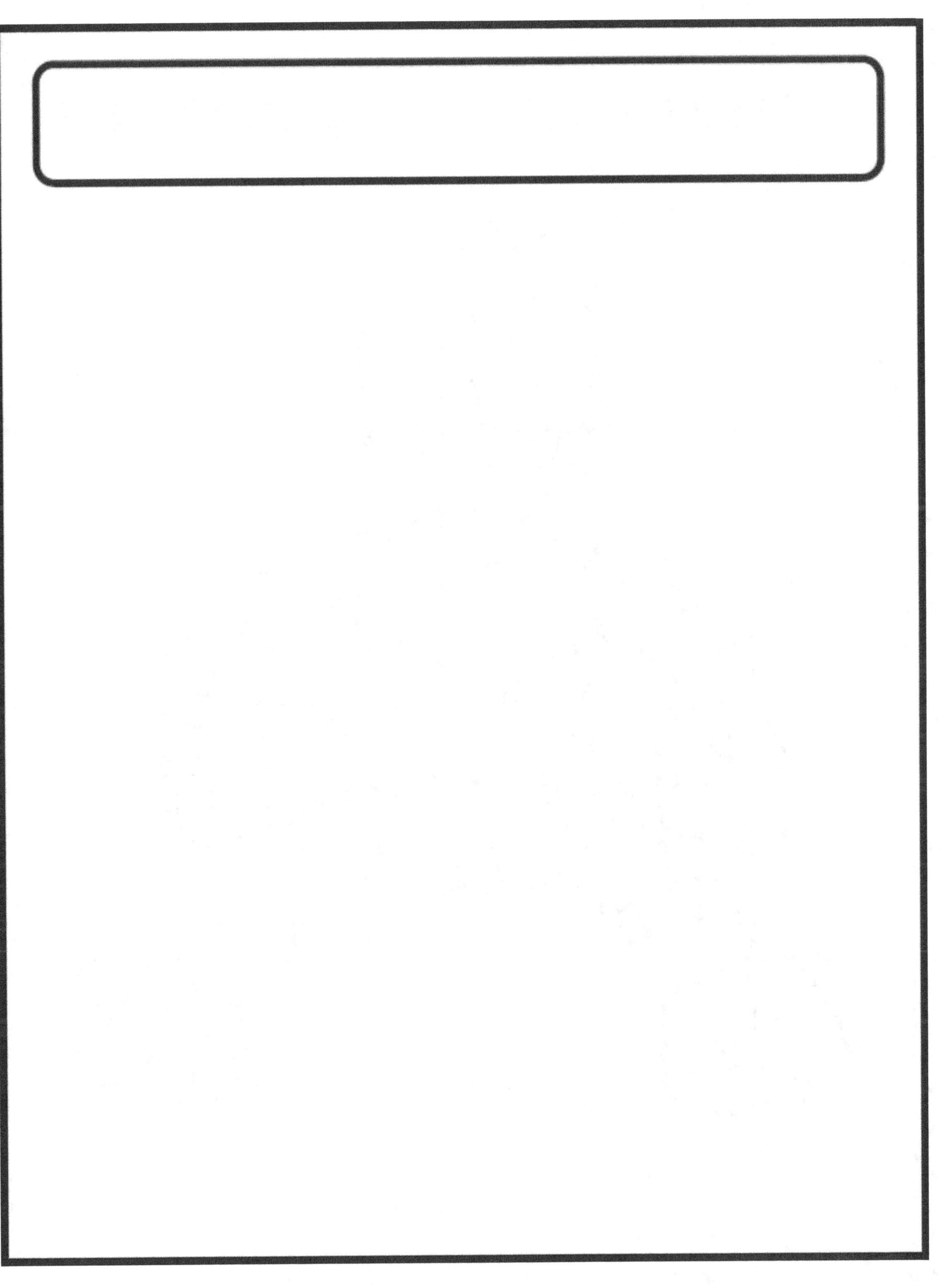

MUMMIES LIVRE DE COLORIAGE

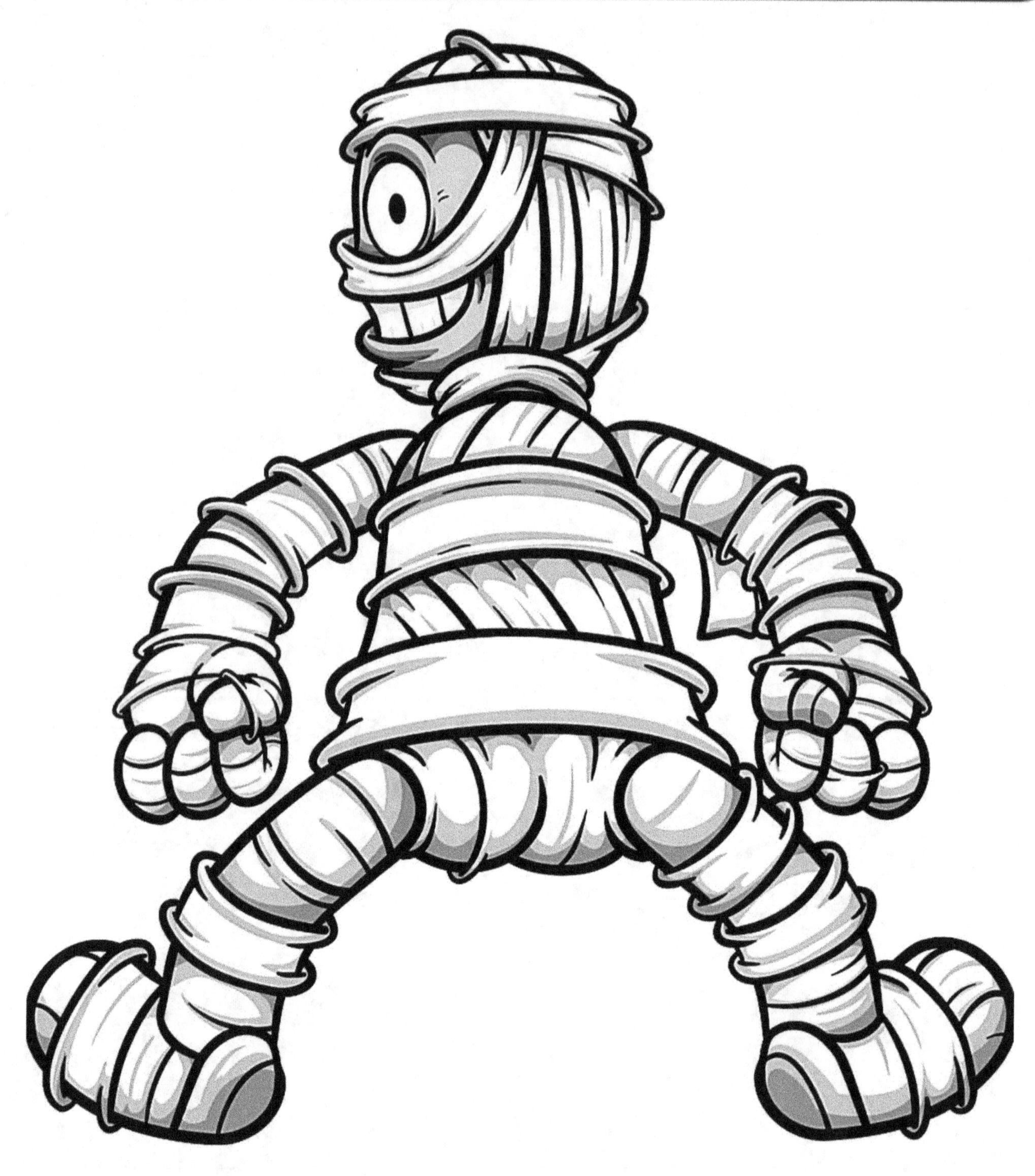

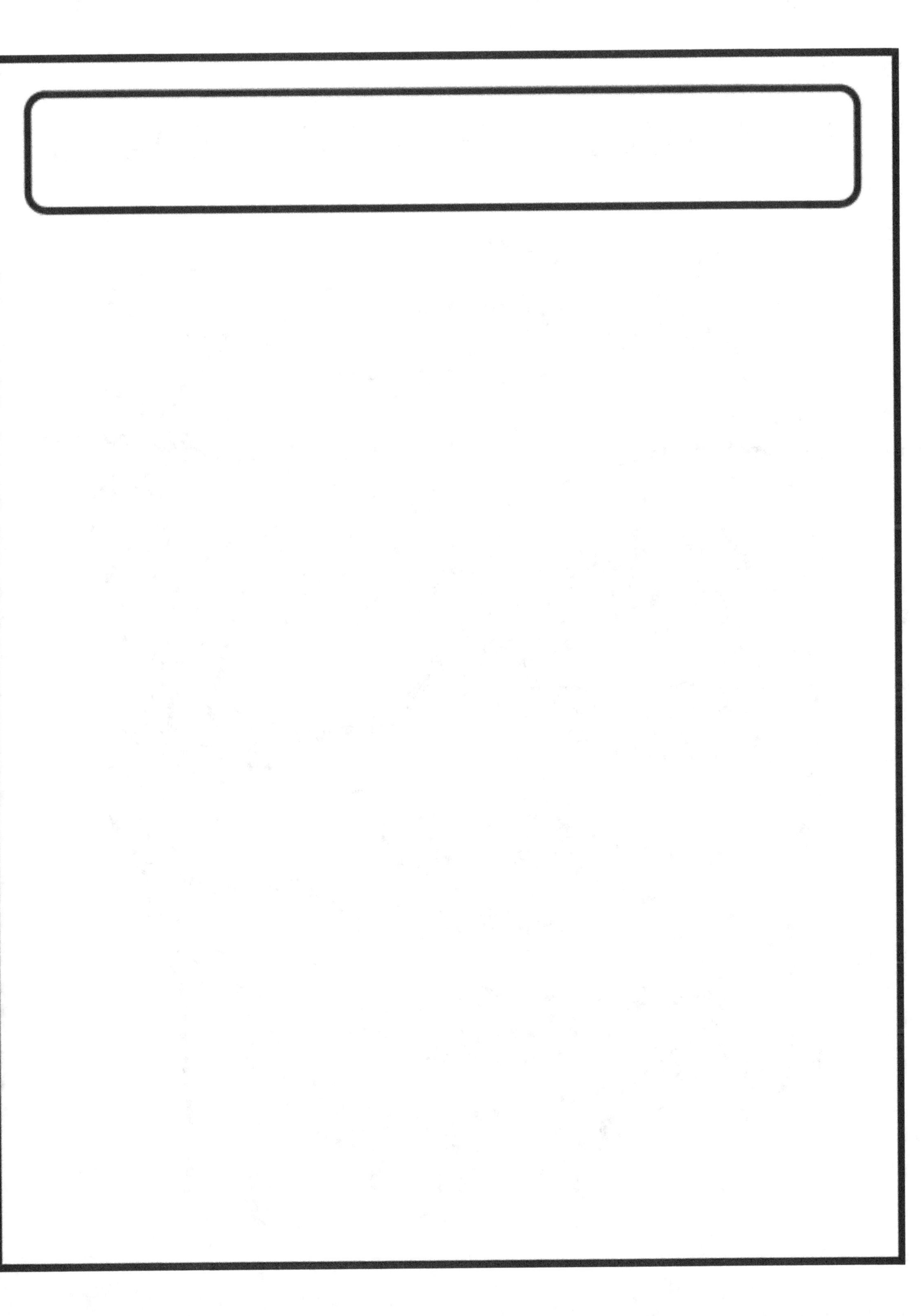

MUMMIES LIVRE DE COLORIAGE

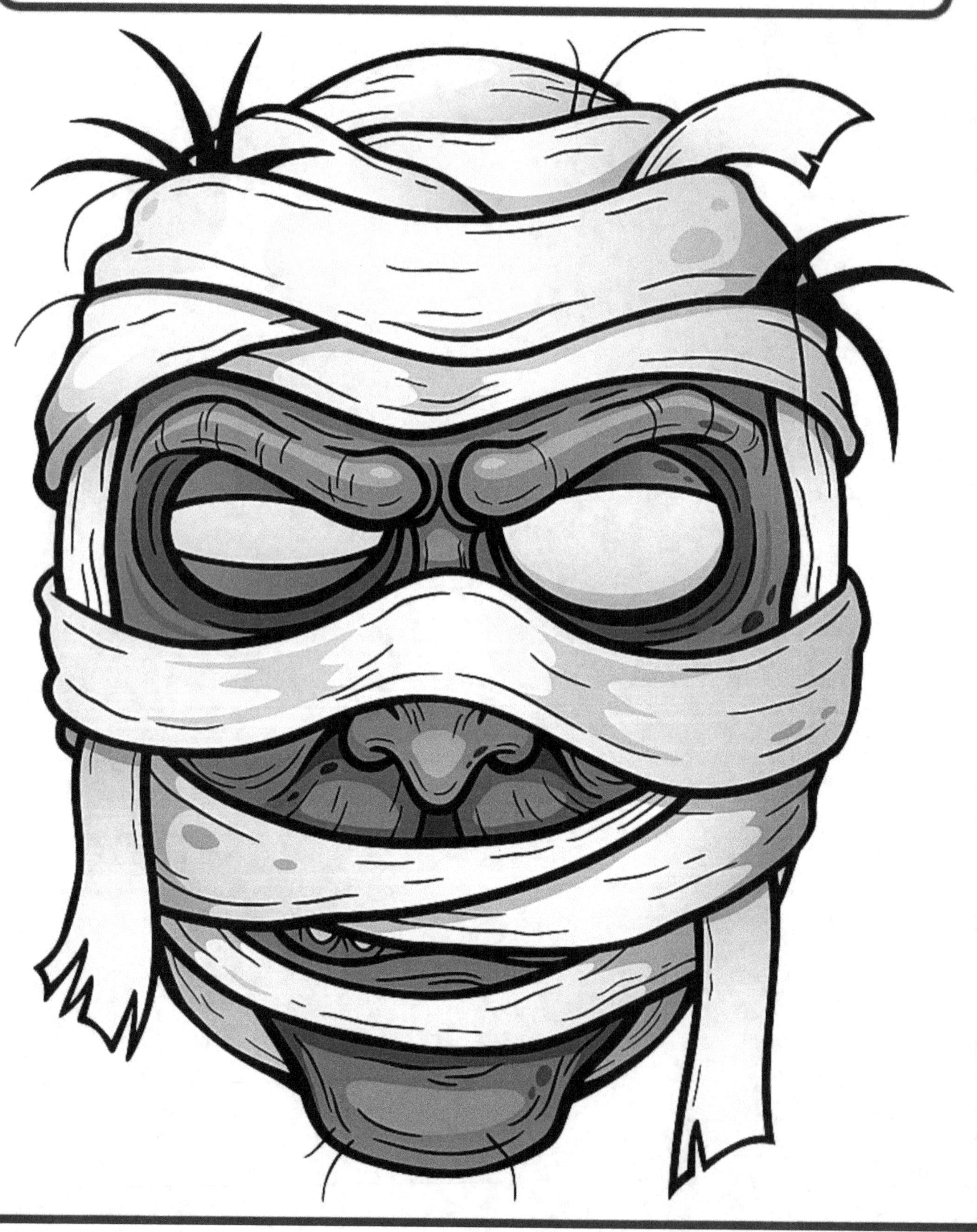

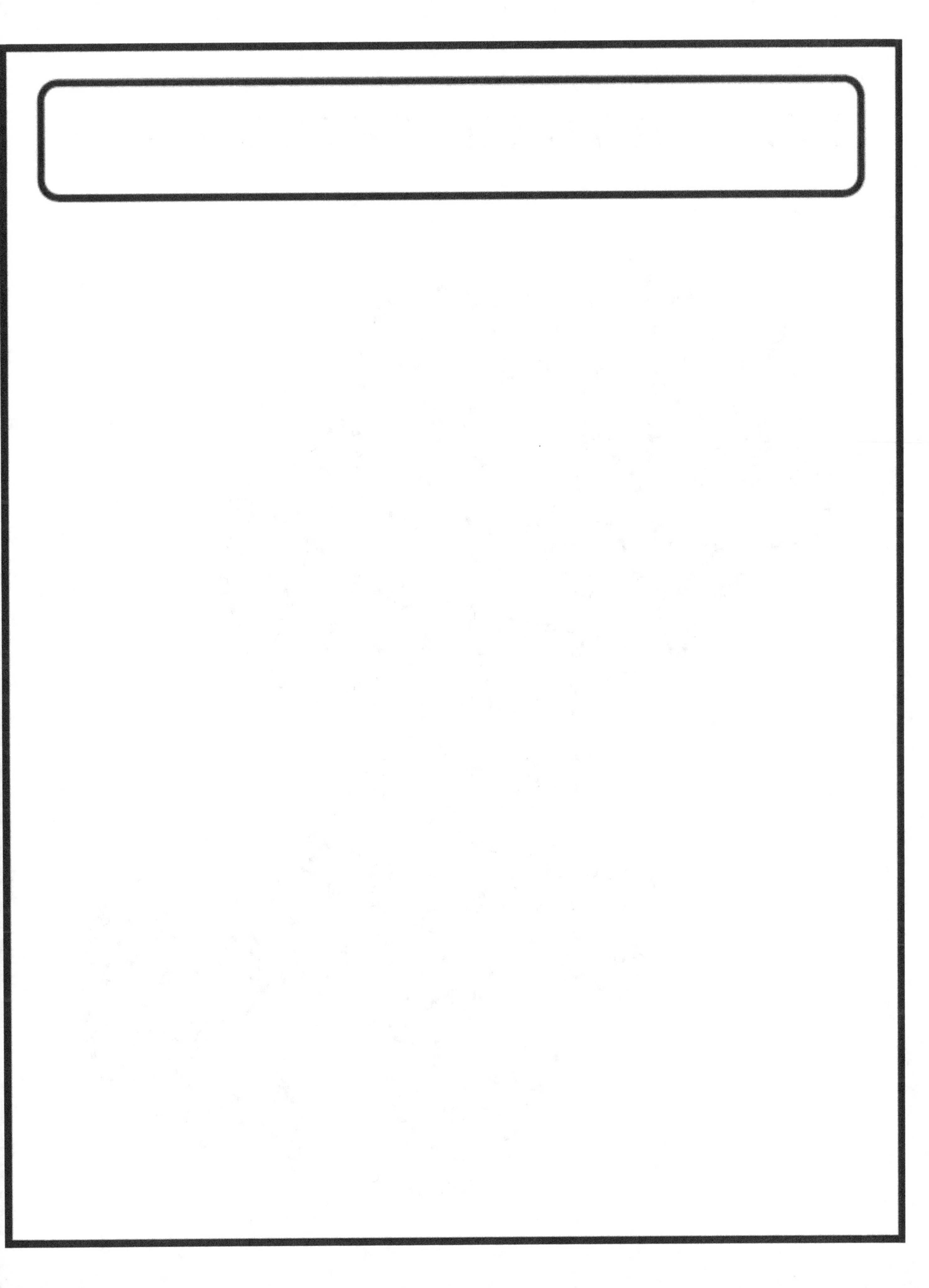

MUMMIES LIVRE DE COLORIAGE

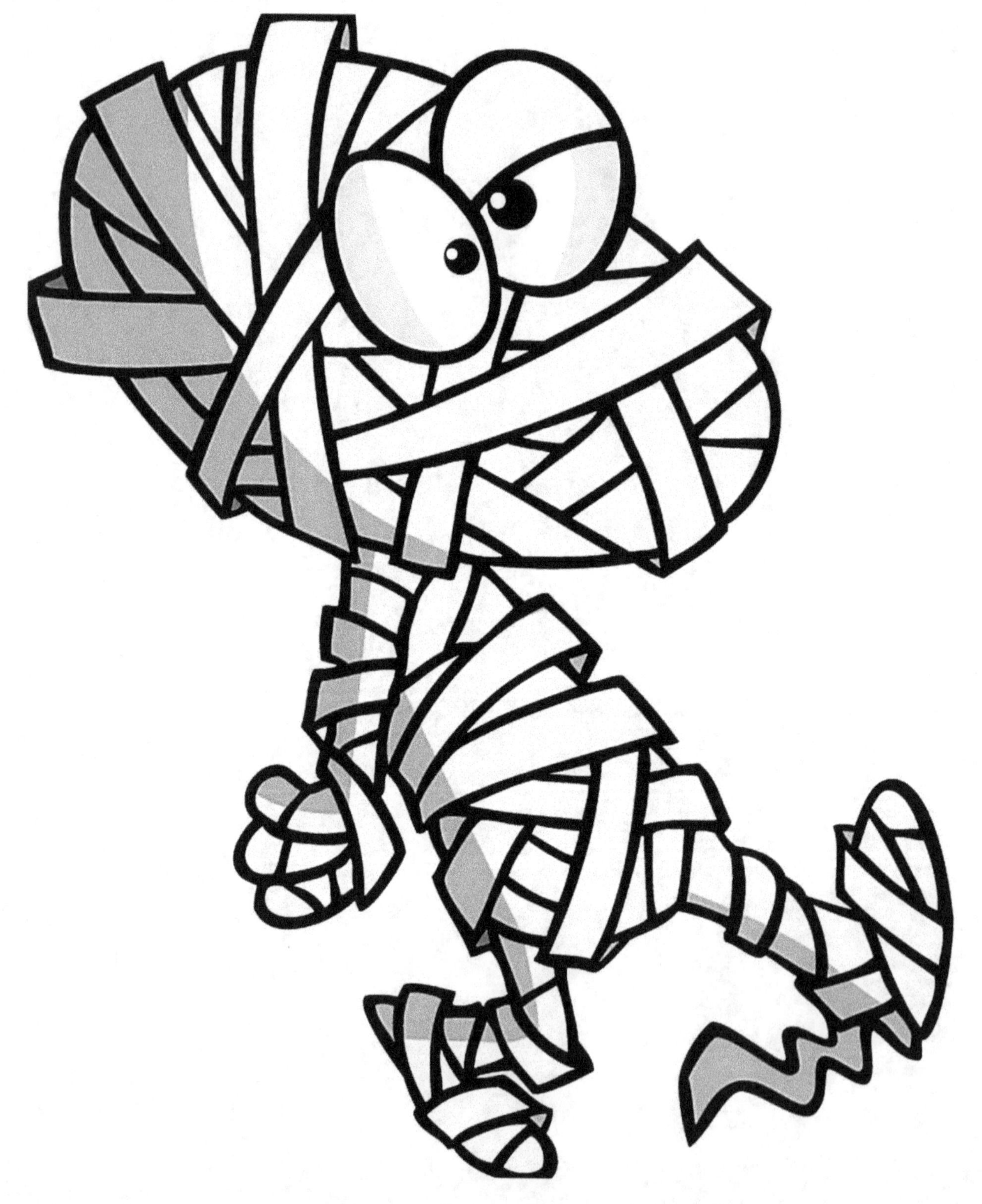

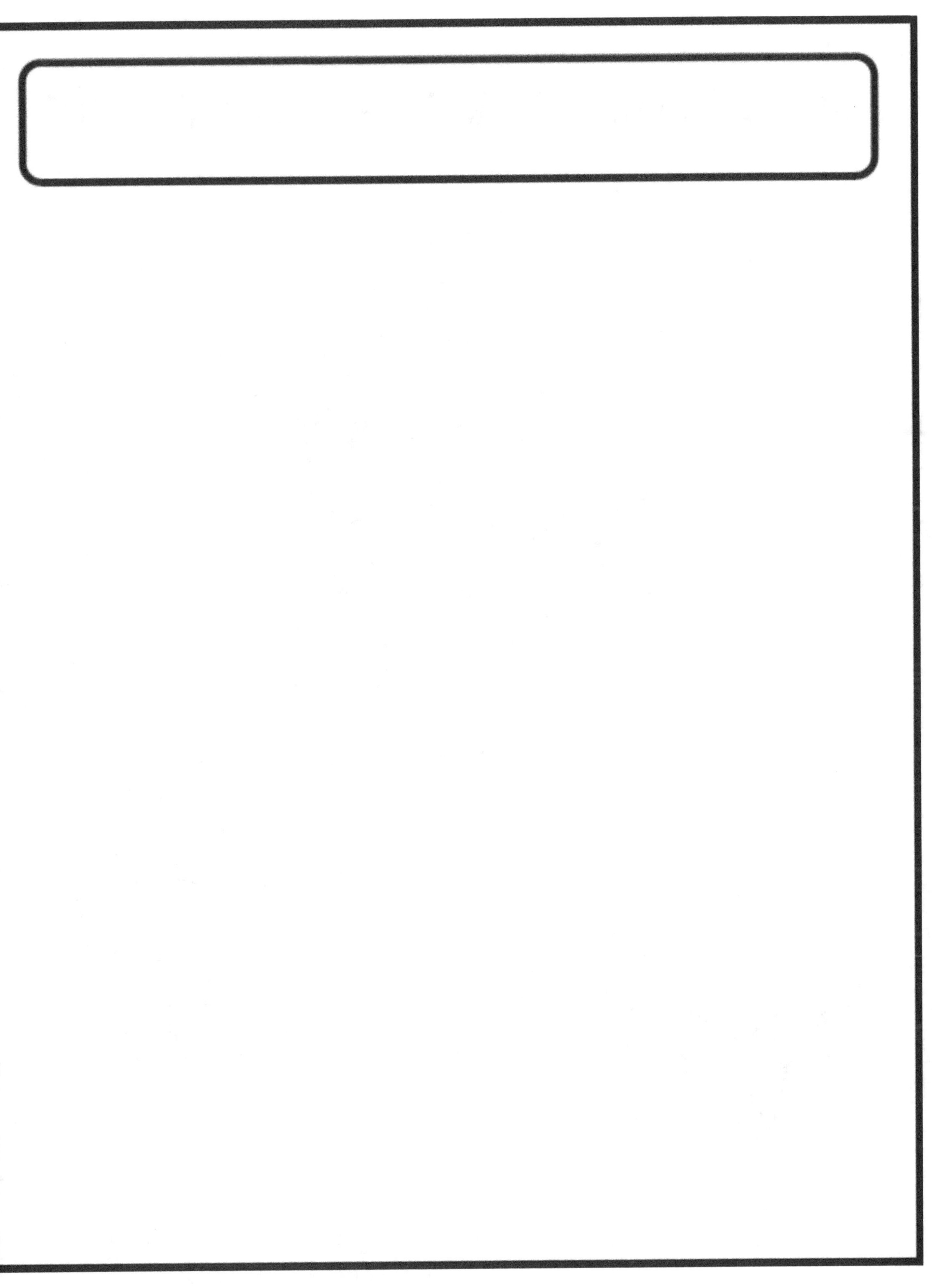

MUMMIES LIVRE DE COLORIAGE

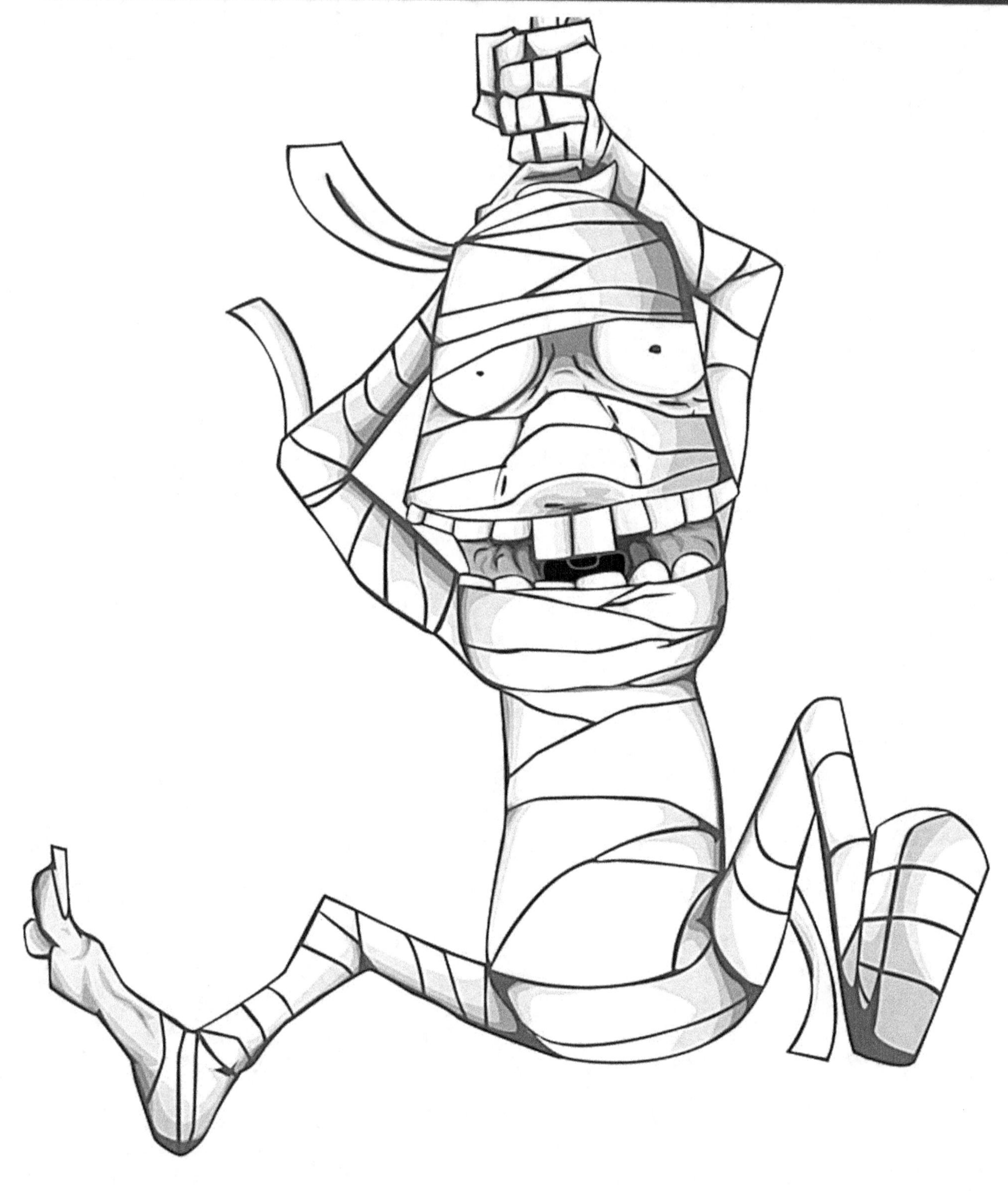

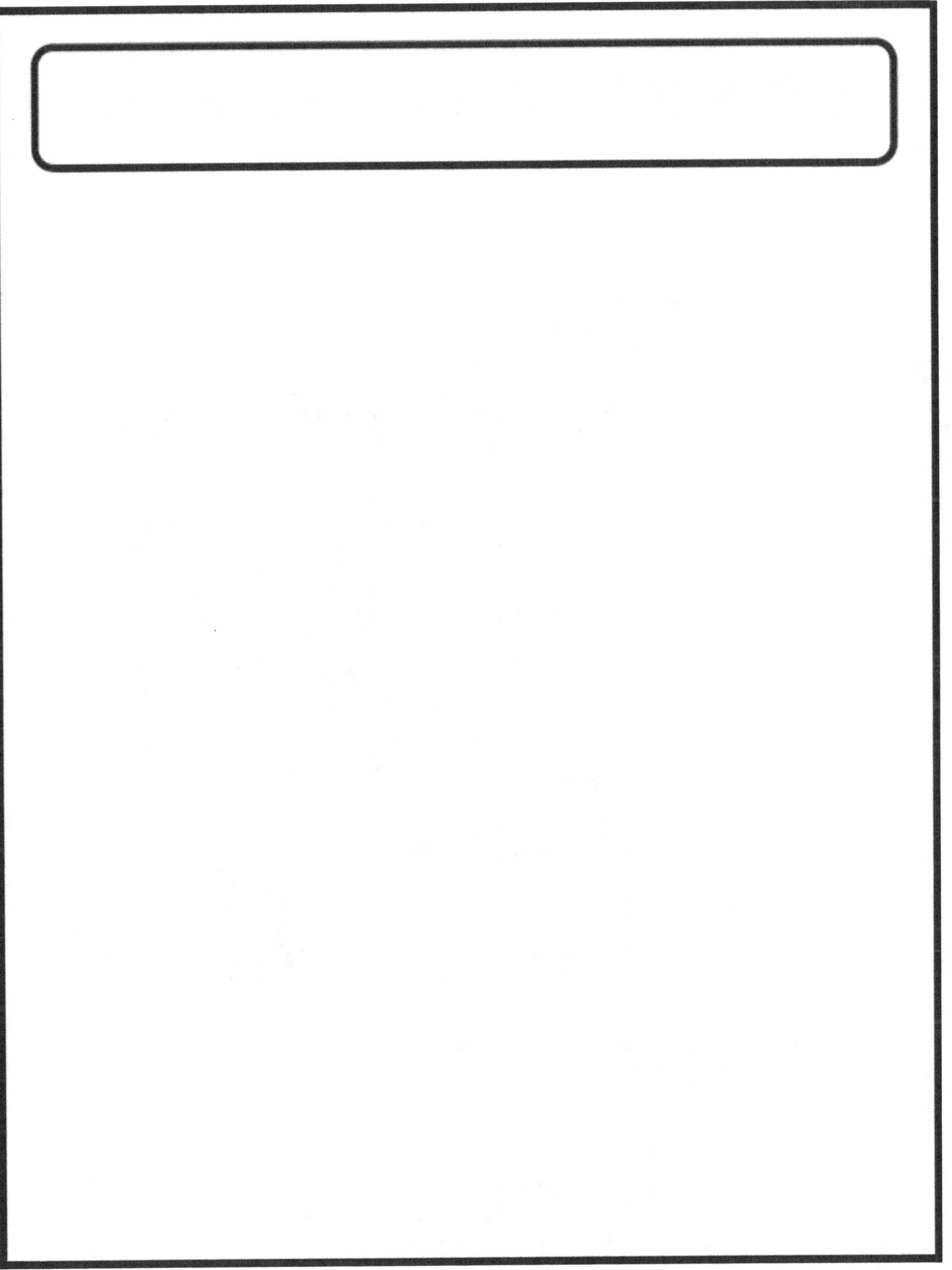

MUMMIES LIVRE DE COLORIAGE

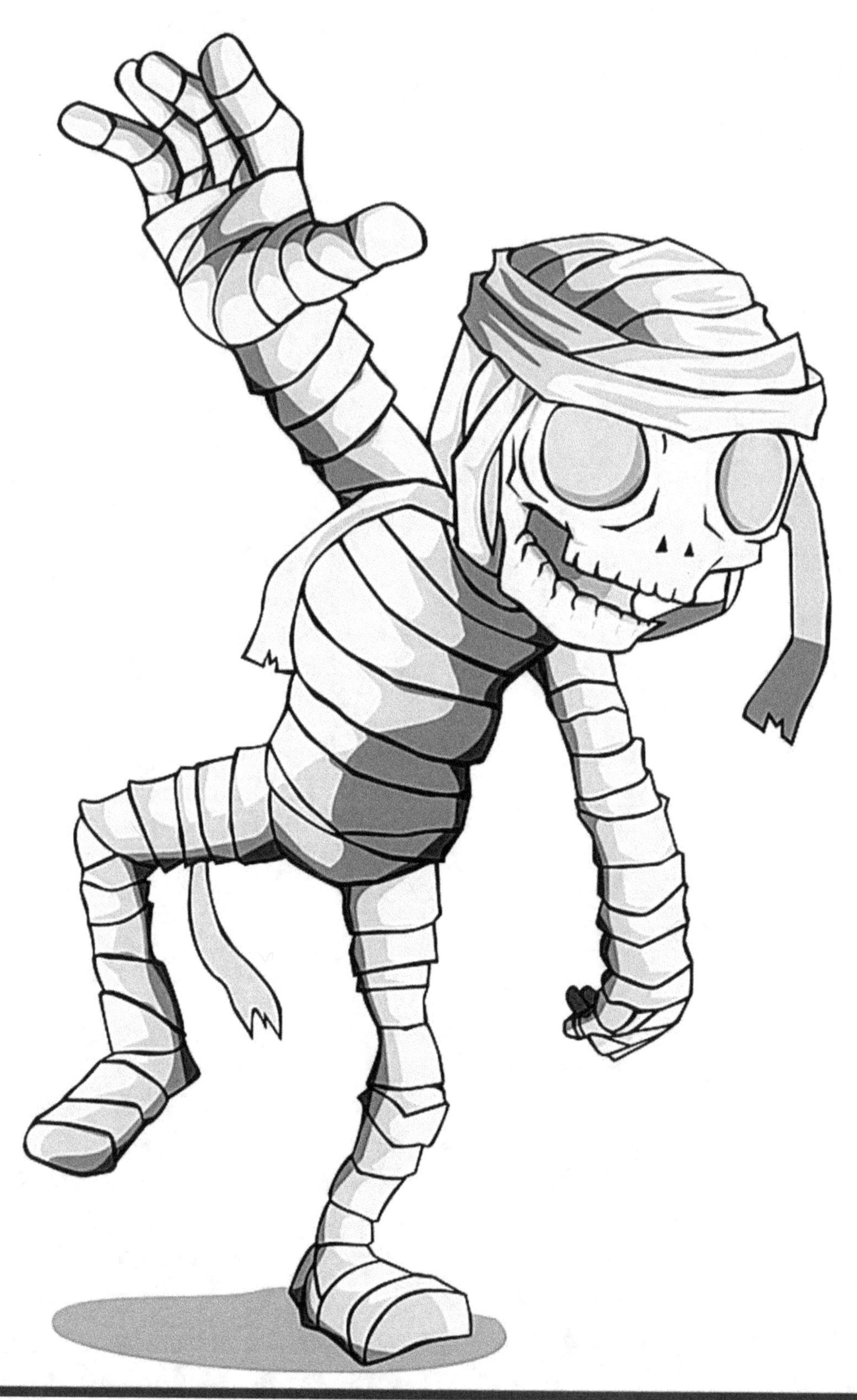

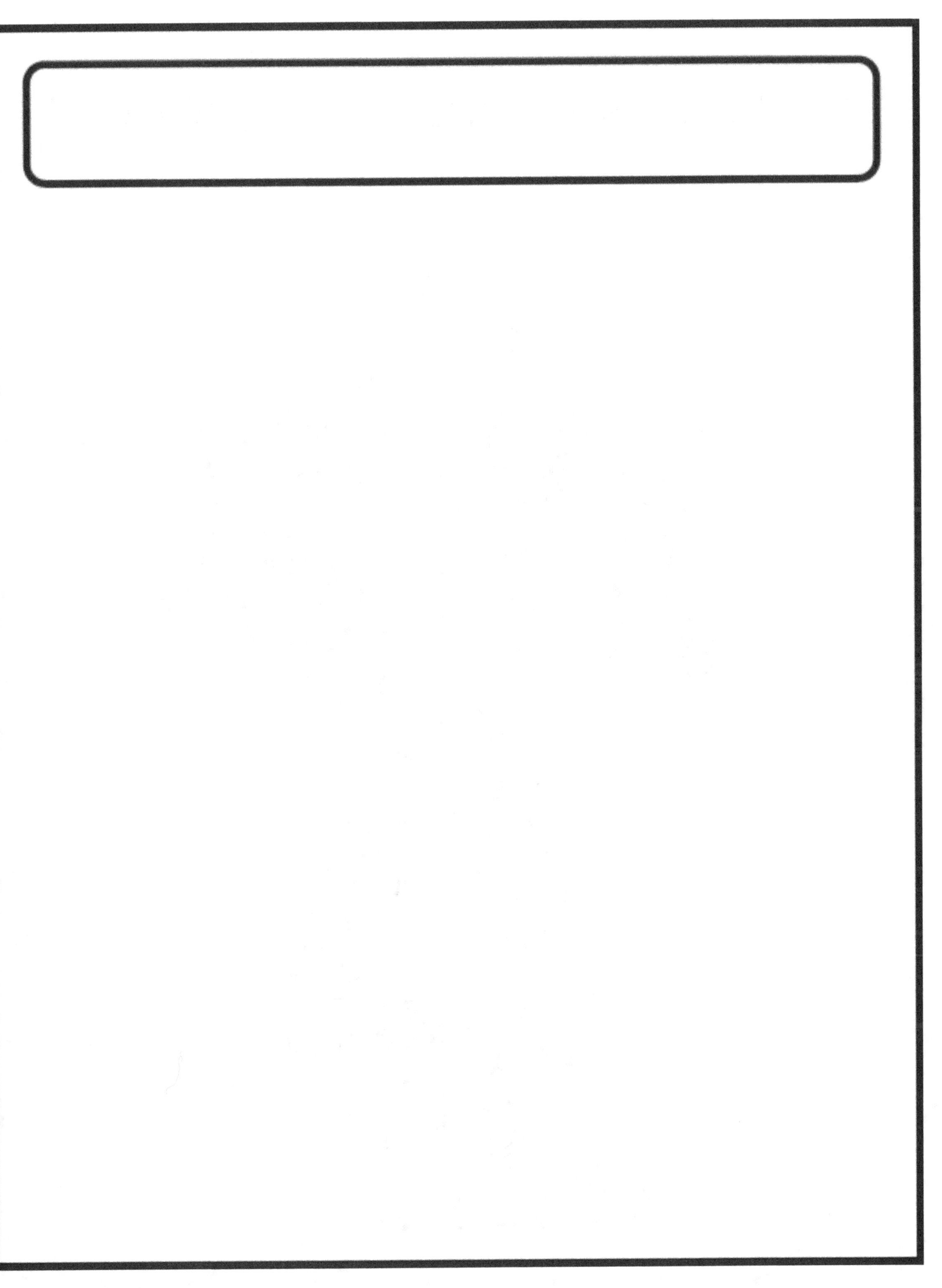

MUMMIES LIVRE DE COLORIAGE

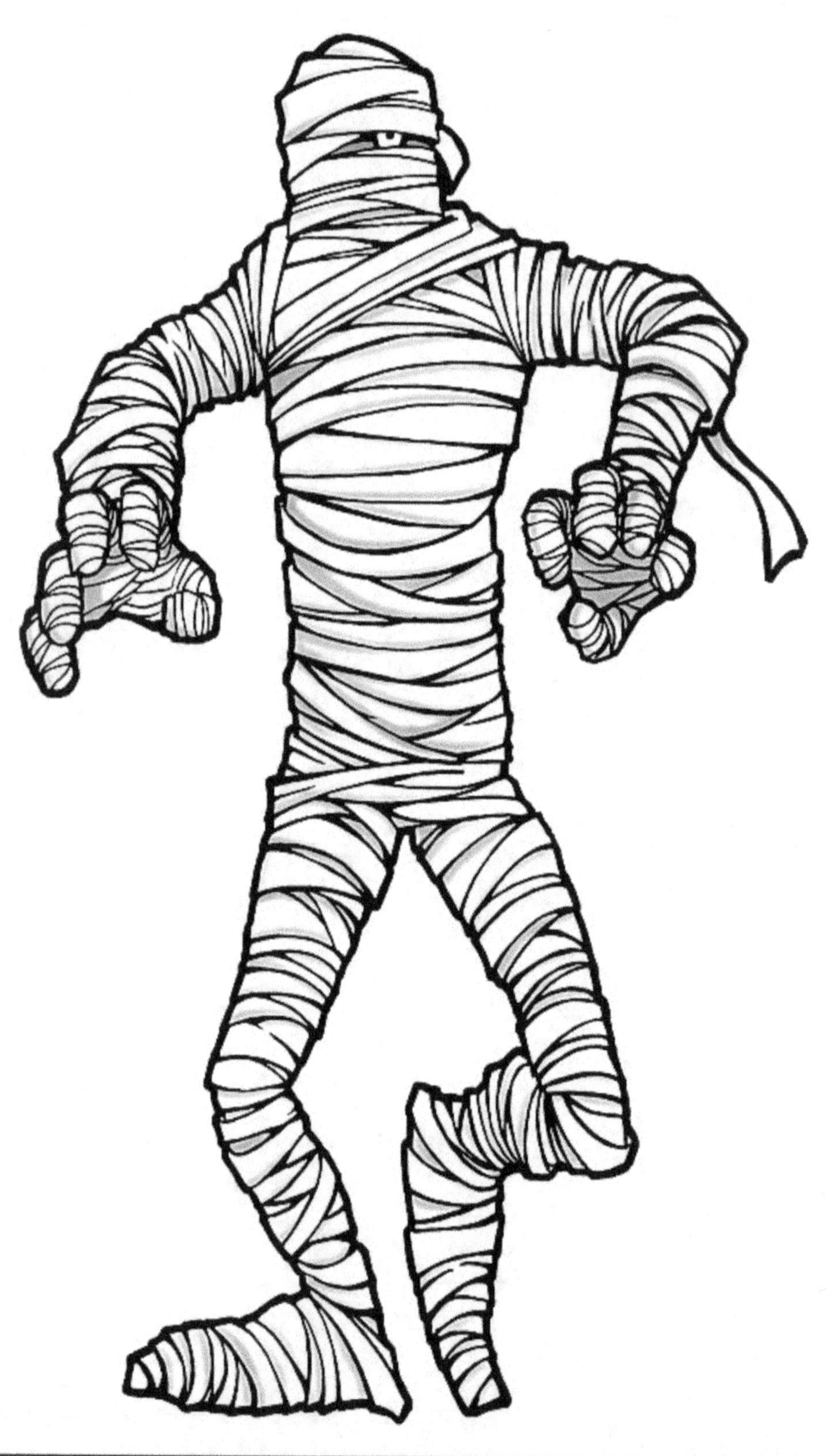

MUMMIES LIVRE DE COLORIAGE

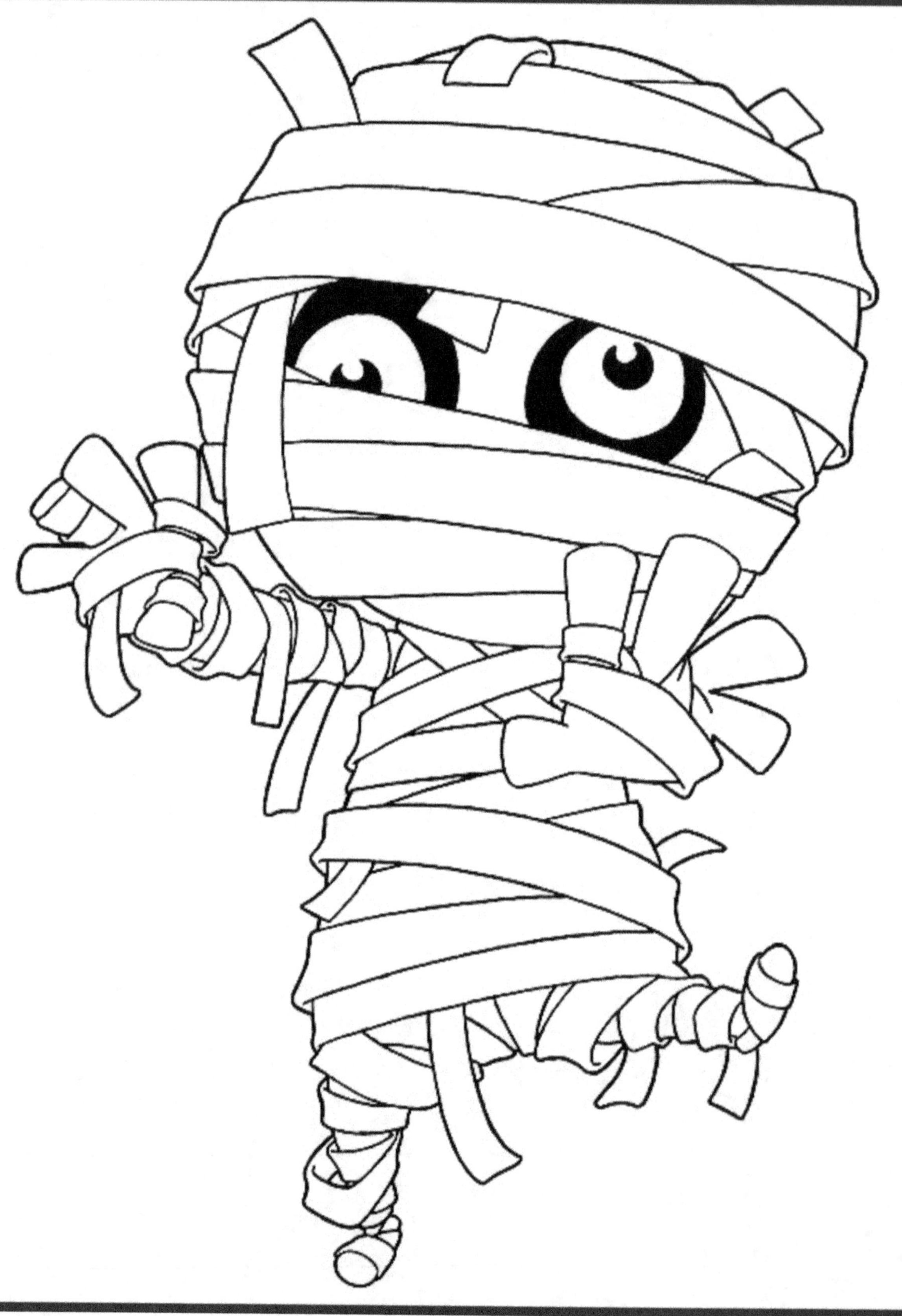

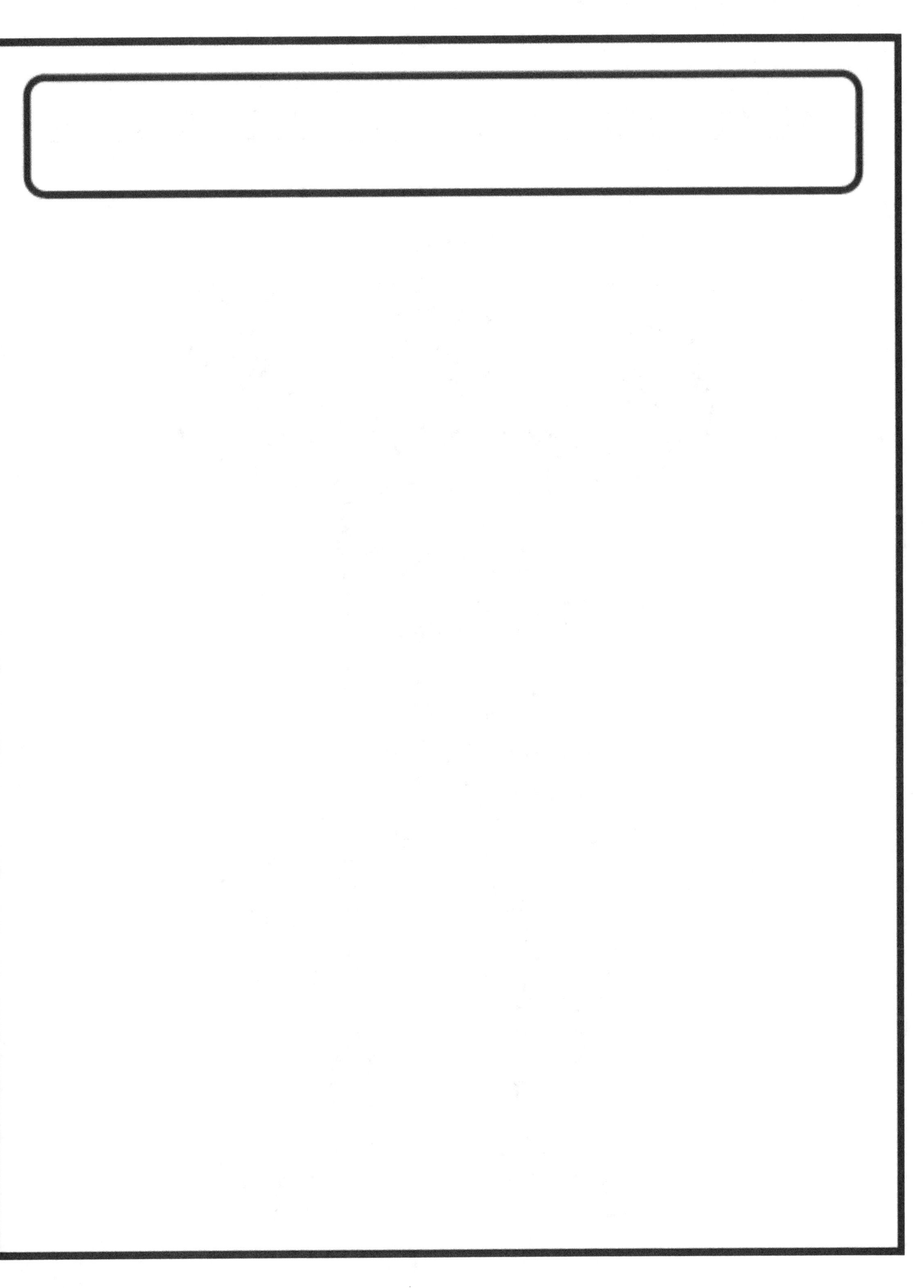

MUMMIES LIVRE DE COLORIAGE

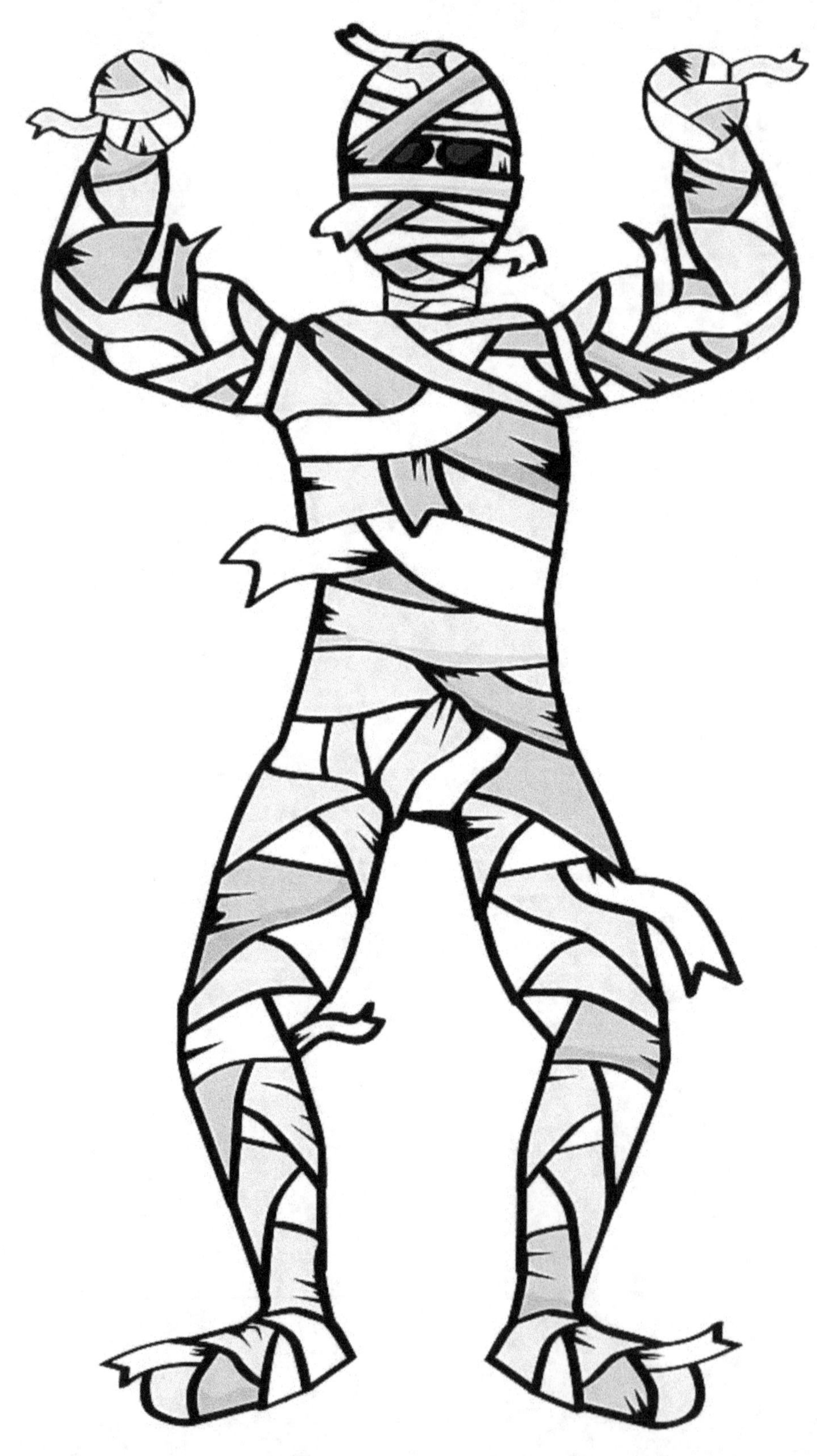

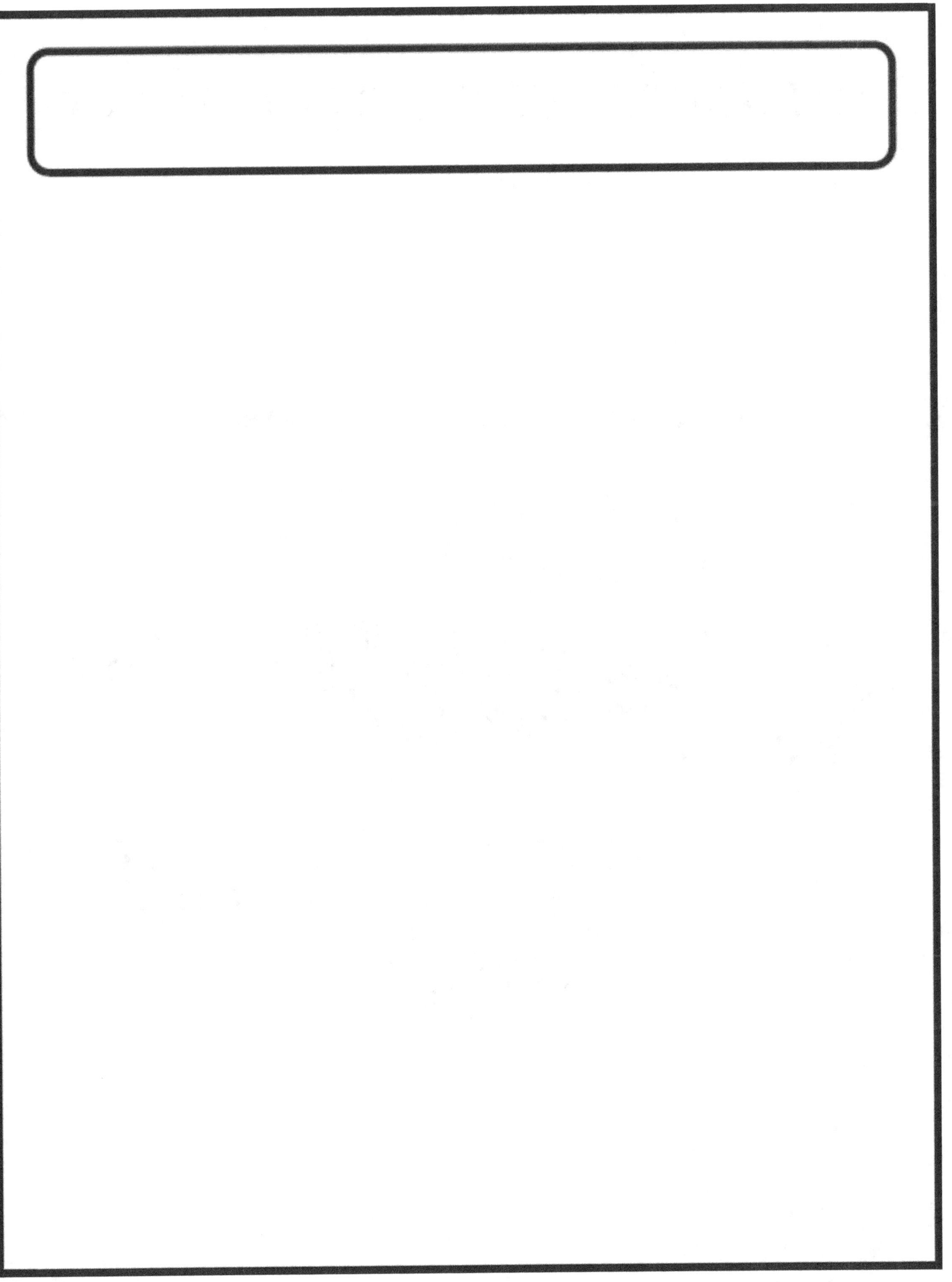

MUMMIES LIVRE DE COLORIAGE

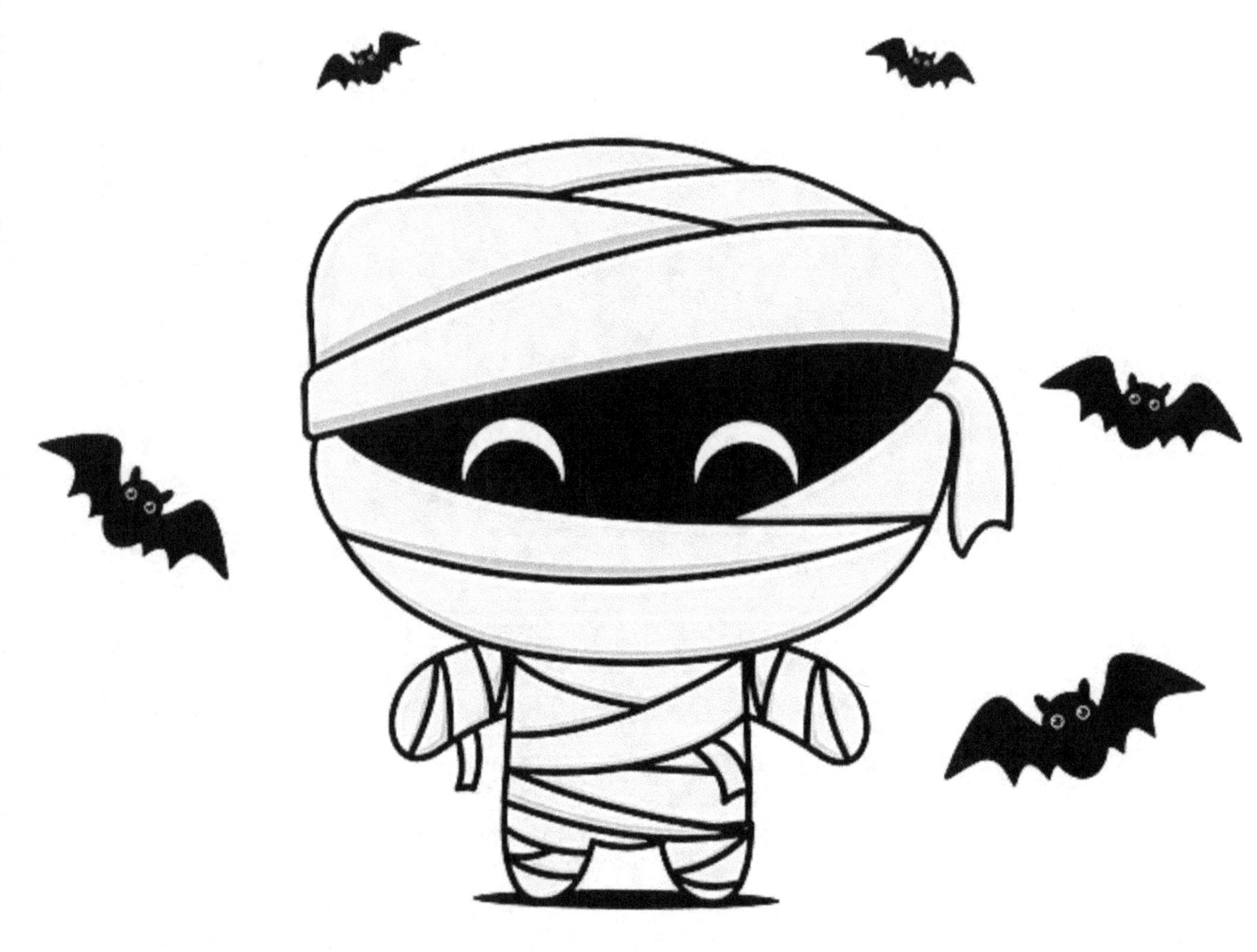

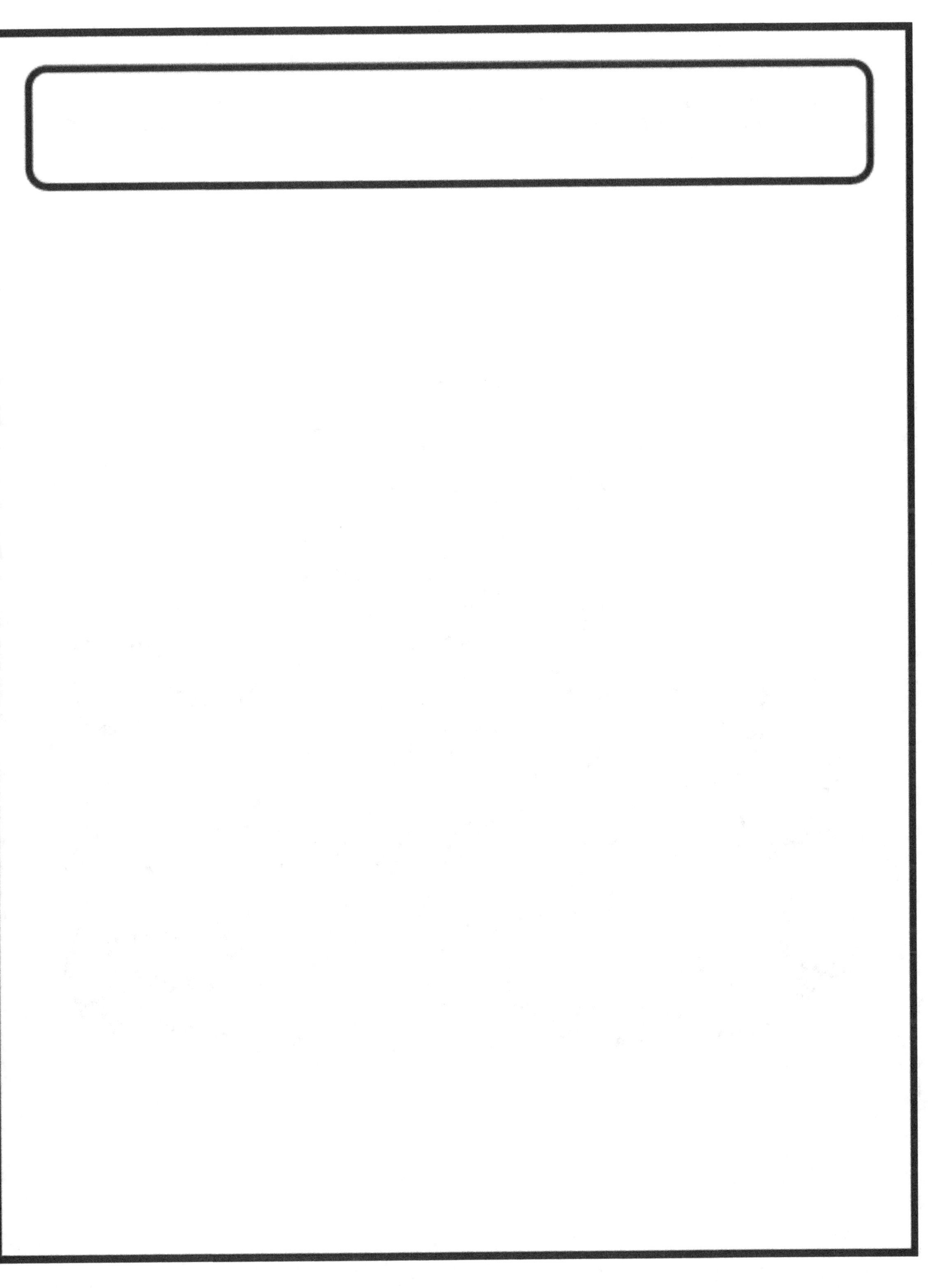

MUMMIES LIVRE DE COLORIAGE

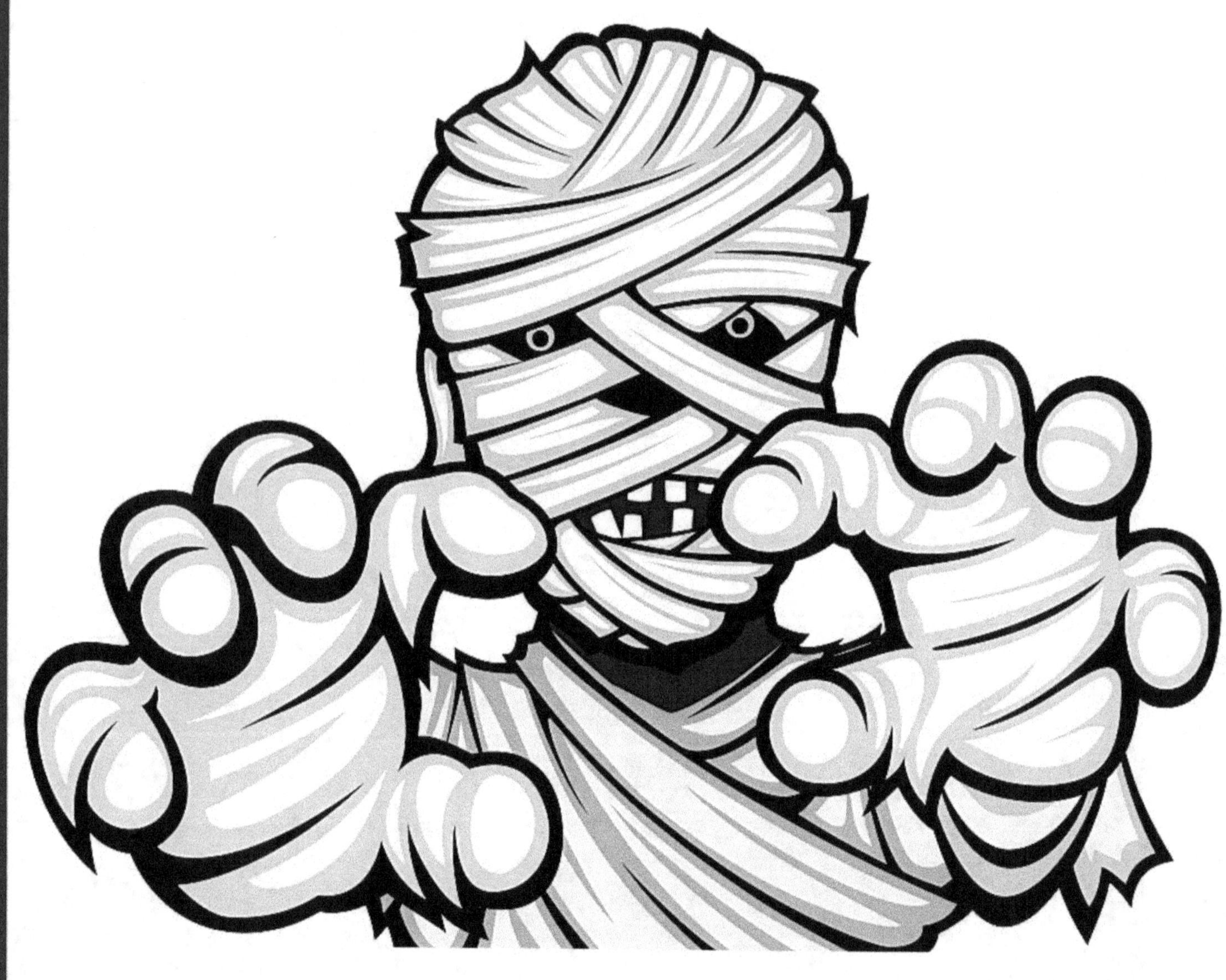

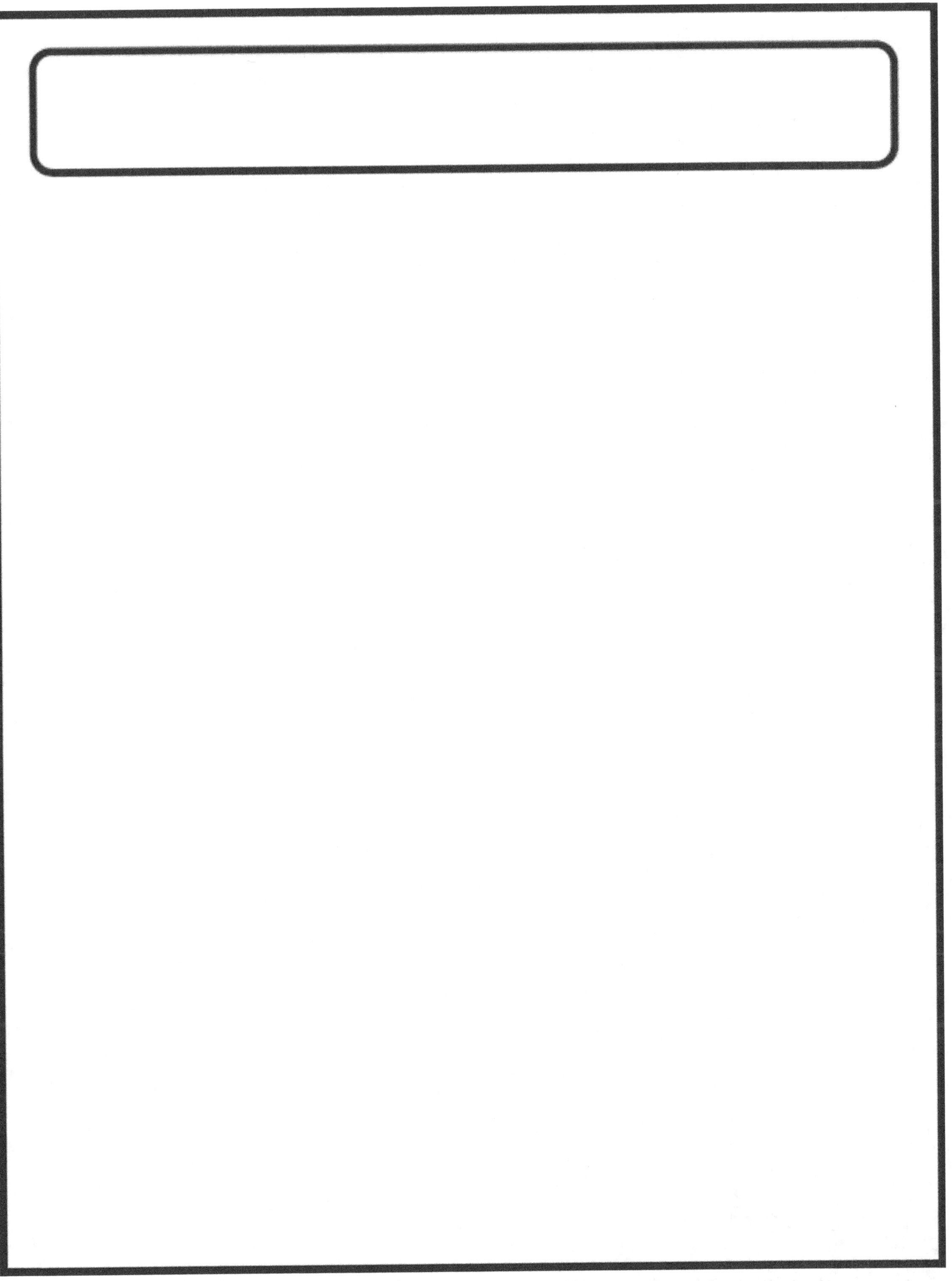